Pony-Weihnachten für Stella

Dagmar H. Mueller

Pony-Weihnachten für Stella

arsEdition

Bibliografische Information der Deutschen Nationalbibliothek
Die Deutsche Nationalbibliothek verzeichnet diese Publikation
in der Deutschen Nationalbibliografie;
detaillierte bibliografische Daten sind im Internet
über http://dnb.d-nb.de abrufbar.

FSC www.fsc.org
MIX
Papier aus verantwortungsvollen Quellen
FSC® C002795

Text: Dagmar H. Mueller
Dagmar H. Mueller wird vertreten durch Agentur Brauer (Agentin: Ulrike Schuldes)
Cover- und Innenillustrationen: Marc-Alexander Schulze
Covergestaltung: Grafisches Atelier arsEdition, unter Verwendung
einer Illustration von Marc-Alexander Schulze

ISBN 978-3-8458-3674-4

www.arsedition.de

Inhalt

Dienstag, der 1. Dezember 7
Mittwoch, der 2. Dezember 13
Donnerstag, der 3. Dezember 20
Freitag, der 4. Dezember 27
Samstag, der 5. Dezember 34
Sonntag, der 6. Dezember 42
Montag, der 7. Dezember 50
Dienstag, der 8. Dezember 56
Mittwoch, der 9. Dezember 64
Donnerstag, der 10. Dezember 72
Freitag, der 11. Dezember 78
Samstag, der 12. Dezember 83
Sonntag, der 13. Dezember 90
Montag, der 14. Dezember 98
Dienstag, der 15. Dezember 106
Mittwoch, der 16. Dezember 110
Donnerstag, der 17. Dezember 117
Freitag, der 18. Dezember 126
Samstag, der 19. Dezember 132
Sonntag, der 20. Dezember 142
Montag, der 21. Dezember 151
Dienstag, der 22. Dezember 162
Mittwoch, der 23. Dezember 169
Donnerstag, der 24. Dezember 177

Dienstag, der 1. Dezember

Es war noch fast dunkel. Nur die matte Glühbirne der Straßenlaterne vor dem Fenster schickte ein paar Strahlen durch die Gardinen und tauchte Stellas Zimmer in winterliches Zauberlicht. Genau so musste es im Advent sein!

Stellas Herz begann, aufgeregt zu klopfen. Heute war der erste Dezember. Das bedeutete dreieinhalb wundervolle Wochen Vorfreude auf Weihnachten. Wochen, in denen sich die ganze Welt kakaowarm, lebkuchenweich und eben – oh – so kribbelig weihnachtlich anfühlen würde.

Elf lange Monate hatte Stella Listen mit Weihnachtswünschen geschrieben. Natürlich wollte sie gut vorbereitet sein. Ganz oben auf Stellas Weihnachtswunschliste stand: *Ein Pony, das nur mir allein gehört*.

Aber mal ehrlich – wer bekommt schon ein Pony zu Weihnachten?

Stella war klar, dass ihr Wunsch nicht erfüllt werden würde. Sie war kein kleines Baby mehr, sie wurde in ein paar Monaten zehn. Da war sie vernünftig genug zu begreifen, dass man in einem Reihenhaus kein Pony halten konnte. Trotzdem schrieb sie ihren größten Wunsch auf die Liste. Schließlich konnte man nie wissen!

Und überhaupt! Immer vernünftig sein ist ja auch irgendwie doof.

Doch auch wenn sie wieder kein Pony bekommen würde, blieb Weihnachten für Stella das beste Fest des Jahres. Jedes Jahr backten Mama, Papa und Stella stapelweise kunterbunte, mit Streuseln und Zuckerguss verzierte Kekse. Sie gingen gemeinsam auf Weihnachtsmärkte. Und wenn Mama und Papa arbeiten mussten, stromerte Stella mit ihrer Freundin Angélica durch die Weihnachtswelt der kleinen Stadt.

Oh, Stellas Bauch fühlte sich an, als ob da drinnen schon jetzt lauter kleine Tannenbaumkerzen knisterten! Er war endlich da, der Dezember!

Und was tut man am ersten Tag dieses schokoladenfeinen Weihnachtsmonats als Alleralleralllererstes? Na klar – man öffnet Päckchen Nummer eins seines Adventskalenders!

Mit einem Satz sprang Stella aus dem Bett, sauste die Treppe runter und quer über den Flur in die Küche. Dort, über dem Esstisch, hängte Mama jedes Jahr einen selbst gebastelten Kalender auf. Vierundzwanzig fest zugebundene Tütchen, die an einer langen Schnur hingen.

Jeden Morgen beim Frühstück durfte Stella eines der Tütchen öffnen. Manchmal waren Süßigkeiten drin, manchmal Socken, manchmal auch ein Radiergummi, Buntstifte oder eine Haarspange. Und sobald sie das letzte Tütchen ausgepackt hatte, war … Weihnachten!

»Mama!« Mit ungläubig aufgerissenen Augen blieb Stella im Rahmen der Küchentür stehen. »Mamaaaaa? Papaaaaa!«

Denn da war kein Kalender. Keine bunten Tüten. Nicht einmal eine Schnur hing in der Küche. Nur ein großes Bild mit einer Ponyherde drauf stand auf dem Esstisch gegen die Wand gelehnt.

Stella ging näher ran. Okay, das Ponybild war ein Adventskalender. So einer mit ganz normalen Türchen. Doch dieser hier war nicht mal dick genug für Schokolade, hinter den Türchen waren garantiert nur Bilder aus Papier. Diese Kalender kannte Stella. Die waren total langweilig.

Stella war zum Heulen zumute. So konnte doch der Weihnachtsmonat bitte, bitte nicht anfangen?

Doch das tat er. Er fing ganz genau so an.

»Du weißt ja, dass ich seit diesem Sommer im Buchladen arbeite«, erklärte Mama mit entschuldigendem Blick beim Frühstück. »Die Weihnachtszeit ist unsere Hauptsaison. Ab November müssen wir alle Überstunden machen, weil so viele Leute Bücher kaufen wollen. Ich hatte dieses Jahr leider keine Zeit, dir einen Kalender zu basteln.«

Doof fand Stella das, total doof.

»Aber du liebst doch Ponys«, meinte Papa. »Guck mal, auf diesem Kalender sind ganz viele!«

Stella schnaubte in ihr Müsli. Ein Ponybild war ja wohl nicht das Gleiche wie vierundzwanzig Päckchen zum Auspacken. »Bestimmt sind auf den Bildern aber keine Ponys drauf«, maulte sie.

»Guck doch nach!«, schlug Mama vor.

Stella suchte das Türchen, auf der die Zahl 1 stand, klappte es auf und fand dahinter … eine Blume.

Papa lachte. »Eine Blume zu Weihnachten! Wo es bestimmt bald schneit. Das ist lustig.«

Lustig? Blöd fand Stella das, echt blöd.

Leider wurde es in der Schule noch blöder.

Stellas beste Freundin Angélica war nämlich am Wochenende mit ihrer Familie zu ihren Großeltern nach Argentinien geflogen. Während Angélica als Gastschülerin eine coole Schule besuchen und jeden Tag zum Strand gehen konnte, musste Stella die Zeit bis nach den Weihnachtsferien ohne sie verbringen! Was sollte sie die ganzen Wochen bloß ohne eine beste Freundin machen?

Aber glaubt man es? Es kam noch dicker.

Als Stella am späten Nachmittag nach Hause kam, wartete Frau Birnbaum von nebenan mit grimmigem Gesicht im Vorgarten.

»Stella?«, rief Frau Birnbaum böse. »Hast du meinen Rosenstrauch umgeknickt?«

Stella kam näher. Der Busch war wirklich übel zugerichtet. Kein einziges Blatt war mehr dran und zwei kräftige Äste waren ganz unten am Boden abgeknickt, als wäre jemand darauf herumgetrampelt. »Nein, natürlich nicht. Ich war überhaupt nicht in Ihrem Garten.«

»Dann war das wohl dieser Köter aus Nummer zwei«, sagte Frau Birnbaum verärgert. »Dem ist doch alles zuzutrauen.«

Das Haus mit der Nummer 2 war das letzte aus der langen Reihenhausreihe, in der Stella wohnte. Man konnte natürlich auch sagen, dass es das erste Haus aus der Reihe war – ganz wie man wollte. Und mit dem Köter meinte Frau Birnbaum Hasso, den Schäferhund von Herrn und Frau Schneider, die dort wohnten. Hasso war tatsächlich ein bisschen gefährlich.

Stella guckte sich um. Nicht nur der Strauch hatte gelitten, auch die Erde drum herum war aufgebuddelt.

»Dieser Köter!«, rief Frau Birnbaum und ballte drohend die Faust in der Luft. »Wenn ich DEN erwische!«

»Was dann?«, fragte Stella interessiert.

»Sssst!«, zischte Frau Birnbaum gefährlich durch ihre Zähne und machte ein Gesicht dazu, das alles bedeuten konnte. »Dann kann der was erleben!«

Stella stutzte. »Gucken Sie mal, Frau Birnbaum«, sagte sie und zeigte auf eine Stelle im Rosenbeet. »Das da sieht gar nicht wie

ein Pfotenabdruck aus. Das sieht aus, als hätte hier ein Huf gestanden!«

»Ein HUF?«, krächzte Frau Birnbaum. Sie bückte sich, um die zerwühlte Erde genauer zu inspizieren.

»Blödsinn!«, befand sie, als sie sich wieder aufrichtete. »Du und deine verrückten Ponyfantasien! Du träumst zu viel, Stella!«

Später im Bett stellte sie sich vor, was wohl passieren würde, wenn wirklich eines Tages ein Pony zu Besuch in Frau Birnbaums Garten käme.

Ja, wenn das Pony einfach so ganz locker anspaziert käme! Vielleicht bekäme es Appetit und würde erst eins, dann zwei und dann alle Blätter an Frau Birnbaums geliebtem Rosenstrauch abknabbern ... Und was würde das Pony machen, wenn es satt wäre? Stella versuchte, die Augen offen zu halten – auch wenn die vor Müdigkeit immer wieder zufielen.

Gut möglich, dass das Pony nach seinem kleinen Picknick auch noch durch die restliche Stadt trotten würde. Bestimmt würde es noch alles Mögliche anstellen. Zum Beispiel könnte es ...

Doch an der Stelle nickte Stella ein. Tagsüber zu träumen, ist viel praktischer. Nachts ist man einfach zu müde.

Mittwoch, der 2. Dezember

Eigentlich hatte Stella auch am nächsten Tag keine Lust auf ihren langweiligen Kalender. Trotzdem musste sie natürlich ihren Eltern zuliebe ein Türchen öffnen. Hinter Tür Nummer 2 kam ein Pinguin zum Vorschein.

»Ein PINGUIN?«, krähte Papa und lachte. »Das wird ja immer doller!«

»Immerhin lebt ein Pinguin in Eis und Schnee«, meinte Mama. »Das passt doch ein bisschen in diese Zeit. Zumindest passt es zum Winter.«

Stella versuchte, sich zumindest ein wenig über das Bildchen zu freuen. Aber ehrlich – ein Pinguin hatte ja wohl nix und gar nix mit Weihnachten zu tun!

Stand etwa ein Pinguin zwischen Ochs und Esel neben der Krippe und guckte freundlich in die Kamera? Wurden auf den Weihnachtsmärkten leckere Pinguinkekse verkauft, die nach Zimt und Mandeln schmeckten? Hängte man vielleicht kleine schwarz-weiße Pinguine in die Tannenbäume?

Pfff!

Als Stella später am Tag von der Schule nach Hause ging, hatte sie *mittel*schlechte Laune.

Trotzdem blieb sie auf dem Marktplatz ein paar Minuten stehen und bestaunte den riesigen Tannenbaum, der seit dem letzten Wochenende dort aufgebaut war. Dreihundert hell funkelnde Lichter hockten auf den Zweigen. Das hatte zumindest die Bürgermeisterin gesagt, als sie am Sonntag eine feierliche Rede gehalten und allen eine gesunde Adventszeit gewünscht hatte. Danach hatte sie unter lautem Klatschen und vielen *Aaaahs!* und *Oooooohs!* die Lichter am Baum angeknipst.

Da hatte Stella es das erste Mal in diesem Jahr gespürt, das wunderbar weihnachtliche Weihnachtskribbeln ganz, ganz tief drinnen im Bauch.

Stella schaute den Baum genauer an. Die Kinder der Stadt hatten den Schmuck, der in den Zweigen hing, in der Schule gebastelt. Sie versuchte, ihren eigenen Strohstern zu finden, leider ohne Erfolg. Neben Sternen hingen auch viele Tierfiguren im Baum. Stella scannte mit ihren Augen alle Anhänger ab, so hoch sie gucken konnte. Pferdchen, Rentiere, ein kleiner Hund mit einer Schleife um den Hals. Auch ein paar aus Holz geschnitzte Vögel hingen dort und ein paar Schafe, Ochsen, eine Kuh und mehrere Ziegen.

Definitiv kein Pinguin!

»Prrrrrrffff«, muffelte Stella. Wusste sie es doch! Sie kickte ein paar Steine vor sich hin. Wenn sie morgen in diesem langweiligen Adventskalender einen Osterhasen fand, dann würde sie das Ding aber echt in den Müll schmeißen – jawoll!

Beinahe wäre einer von Stellas Steinchen aus Versehen gegen die kleine Pferdekutsche geknallt, die ab und zu vor dem Rathaus stand. Auf dem Bock saß Herr Timmermann und wartete auf Kundschaft. Manchen Touristen gefiel es, sich das Städtchen in einer Kutsche fahrend anzugucken. Und Herrn Timmermann gefiel es, sich gelegentlich ein wenig Geld zu seiner Rente dazuzuverdienen.

»Hallo!«, grüßte Stella und blieb stehen. »Darf ich Dynamit streicheln?«

Herr Timmermann, der gerade ein bisschen eingenickt war, hob den Kopf und öffnete seine Augen.

»Ah, Stella!«, lächelte er. »Natürlich darfst du.«

Er schaute zu seinem Pferd, das nur noch auf dreien seiner Beine stand und das vierte bequem eingeknickt hatte. Es ließ den Kopf hängen und schien genauso zu dösen wie sein Besitzer.

»Weck ihn aber sanft auf!«, bat Herr Timmermann.

Stella nickte und rief leise: »Hallo, Dynamit!«

Der riesige Schwarze hob den Kopf und sah Stella ruhig aus seinen dunkel glänzenden Augen an, als sie ihm sanft den Hals streichelte. Er sah aus, als habe er seine Schnute zu einem Lächeln verzogen. Bestimmt war es langweilig, einfach nur so in der Gegend rumzustehen. Und bestimmt war es nett, wenn man dann ab und zu gestreichelt wurde.

Dynamits Besitzer fand zu langes Rumstehen meistens auch langweilig, denn mehr als eine Stunde ließ er sein Pferd nie warten. Wenn dann keiner eine Stadtrundfahrt wollte, zockelten sie wieder nach Hause. Und Dynamit durfte wieder zurück auf seine Wiese hinter Herrn Timmermanns Haus.

Dort grasten Dynamits zwei Pferdekumpel. Beide waren schon alte Rentner, die nicht mehr zu arbeiten brauchten.

Nur Dynamit war noch etwas jünger und zog eine Kutsche ab und zu ganz gern. Manchmal, wenn Stella nachmittags nichts vorhatte, lief sie zu Timmermanns Weide und streichelte die Pferde durch den Zaun.

Stella schnupperte an Dynamits Hals. Wie gut er roch! Wie wunderbar weich und sanft und irgendwie tief und kuschelig Pferde überhaupt dufteten! Ach, sooo gern hätte Stella ein eigenes Pony!

»Komm rein in die Kutsche, Stella!« Herr Timmermann riss sie aus ihren Gedanken. »Dynamit und ich machen für heute Schluss, wir fahren dich nach Hause!«

Stella strahlte.

Der alte Herr sprang vom Bock und reichte Stella die Hand, um ihr beim Einsteigen behilflich zu sein. Dabei machte er eine leichte Verbeugung. »Prinzessin Stella, darf ich bitten?«

Stella kicherte und kletterte in die Kutsche. Als Prinzessin kutschiert zu werden, machte noch mehr Spaß.

Herr Timmermann stieg wieder auf, nahm die Zügel in die Hand und schnalzte mit der Zunge. Als Antwort wieherte Dynamit fröhlich. Dann schüttelte er seinen Kopf auf und nieder, so als nickte er zustimmend, und setzte sich langsam und gemächlich in Bewegung.

Langsam fuhren sie die lange Hauptstraße hinunter, bogen dann in den Parkweg ein und … stoppten. Neben ihnen schob eine Frau einen Kinderwagen mit einem bitterlich weinenden Kind.

Herr Timmermann beugte sich zu ihr hinunter. »Hallo, Marie, was ist denn passiert?«

Die Frau, die Herr Timmermann anscheinend kannte, lächelte entschuldigend. »Ich weiß es nicht genau. Ich bin nur für ein paar Sekunden zu Mehmet in seinen Gemüseladen gegangen. Da ist es zu eng für den Buggy, also habe ich Mats kurz draußen stehen lassen. Als ich wieder rauskomme, weint er und ich sehe, dass sein Stofftier fehlt. An dem hängt er sehr.« Sie seufzte tief auf. Gleichzeitig setzte der kleine Mats zu einem noch lauteren Weinen an.

»Ich dachte natürlich, es wäre runtergefallen«, erzählte Marie, »aber ich konnte es nirgends sehen. Nicht auf dem Bürgersteig und auf die Straße war es auch nicht gefallen.« Sie sah zugleich traurig und böse aus. »Das muss ihm jemand weggenommen haben. Wie mies sind eigentlich manche Menschen? Einem kleinen Jungen sein Stofftier zu klauen!«

»Na, so was!«, staunte Herr Timmermann und sah selbst ganz empört aus. »Das ist ja kaum zu glauben. Dein armer kleiner Mats – kein Wunder, dass er weint!«

Marie nickte und streichelte ihrem Sohn beruhigend über den Kopf.

»Nimm ihn mal aus dem Buggy und lass ihn Dynamit streicheln!«, schlug Herr Timmermann vor. »Das lenkt ihn sicher ab. Alle Kinder lieben Pferde.«

Marie lächelte und hob den kleinen Mats in Richtung Pferdekopf.

Dynamit schnaubte freundlich zur Begrüßung und guckte dem kleinen Jungen aus seinen sanften Augen entgegen. Doch Mats zeigte sich alles andere als erfreut. Er weinte, nein, er brüllte. Lauter und lauter. Und dann fing er tatsächlich an, mit seinen kleinen Fäustchen nach Dynamit zu schlagen.

»Hui!«, machte Herr Timmermann erschrocken.

Auch Dynamit wieherte und reckte eilig seinen Kopf in die Höhe.

Schnell zog Marie ihren Sohn wieder weg und setzte ihn zurück in seinen Buggy. Sie sah aus, als verstehe sie die Welt nicht mehr. Entschuldigend blickte sie zu Herrn Timmermann. »Merkwürdig. Sonst kann er gar nicht genug von deinen Pferden kriegen. Und heute?« Sie lächelte etwas hilflos. »Man könnte meinen, dein braver Dynamit wäre es gewesen, der ihm sein Stofftier gestohlen hat.«

»Na, also, ALSO!« Herr Timmermann zog entrüstet die Augenbrauen hoch. »Als ob Pferde Kindern etwas klauen würden!« Er winkte Marie noch einmal freundlich zu und ließ Dynamit dann wieder antraben.

»Meine Güte, der kleine Mats war aber gar nicht gut gelaunt!«, rief er nach hinten zu Stella.

»Der kleine Junge hat anscheinend Angst vor Pferden«, vermutete sie.

Herr Timmermann schüttelte den Kopf. »Unsinn! Der kann sonst gar nicht genug von Dynamit kriegen.«

Doch Stella hatte keine Lust, länger darüber nachzudenken. Lieber wollte sie sich noch ein paar Minuten wie eine Prinzessin fühlen.

Abends beim Einschlafen stellte sie sich vor, wie Stella, die Weihnachtsprinzessin, in einem großen Schlitten durch die Stadt fuhr. Der Schlitten wurde von Dynamit und seinen beiden Pferdekumpeln gezogen, die alle drei plötzlich wieder jung waren und gar nicht schnell genug durch den Schnee toben konnte. Die Kutsche sauste nur so durch die schneebedeckten Straßen. Alle Leute blieben stehen und winkten Prinzessin Stella zu.

Und mit einem Lächeln auf den Lippen schlief Weihnachtsprinzessin Stella ein.

Donnerstag, der 3. Dezember

Bevor Stella morgens das nächste Türchen ihres Ponyadventskalenders öffnen konnte, rief Papa: »Halt, warte! Ich hab eine Idee.« Er grinste Stella und Mama verschmitzt an. »Los, wir wetten alle, was das nächste Bild sein könnte! Und wenn einer von uns gewonnen hat, gebe ich auf dem Weihnachtsmarkt eine Runde Lebkucheneis aus!«

Stella grinste.

»Hmmmm«, überlegte Mama, »vielleicht … ist heute eine Maus drin?«

»Eine Maus?«, fragte Stella. Das wäre ja noch blöder als ein Pinguin! »Eine Maus hat doch nichts mit Ponys zu tun!«

»Mit Ponys nicht, aber mit Weihnachten«, meinte Mama. »Denkt nur an die vielen Weihnachtsmäuse!«

»Weihnachtsmäuse?« Papa sah ein wenig beunruhigt aus. »Was soll das denn sein?«

Mama zwinkerte Stella heimlich zu. »Früher kamen zu Weihnachten Mäuse ins Haus. Deswegen nannte man sie Weihnachtsmäuse.«

Papa guckte kariert wie ein Schottenrock. Offenbar wusste er nicht, ob Mama ihn auf den Arm nahm oder das ernst meinte.

Jetzt lachte Mama. »Das war früher wirklich so. Weil es draußen so kalt war und drinnen die warmen Öfen brannten, kamen die Mäuse ins Haus. Im Sommer blieben sie gerne draußen in ihren Höhlen in der Erde.«

Das fand Stella spannend. Ein paar Mäuse im Haus waren immer noch besser als gar keine Haustiere. Ob sie vielleicht einfach mal die Haustür ein paar Stunden offen stehen lassen sollte, wenn ihre Eltern nicht da waren? Sodass alle frierenden Tiere ins warme Haus kommen konnten? Ein paar süße, herumschnuppernde Mäuschen waren bestimmt lustig.

»Ich tippe nicht auf eine Maus«, meinte Papa jetzt, »sondern auf einen Hund.«

Ein Hund! Stellas Gedanken fingen sofort an zu tanzen. Einen Hund hätte sie fast so gern wie ein Pony!

»Was soll denn ein Hund mit Weihnachten zu tun haben?«, fragte Mama und zeigte Papa einen Vogel. Dann schaute sie zu Stella rüber. »Und was wettest du?«

Am liebsten hätte Stella gesagt, dass in diesem blöden Kalender sowieso nur Bilder waren, die überhaupt *gar* nichts mit Weihnachten zu tun hatten. »Ein Strandkorb«, sagte sie, weil das das Unweihnachtlichste war, das ihr einfiel.

»Ein *Strandkorb*?« Jetzt lachten Mama und Papa beide.

Doch hinter Türchen Nummer 3 kam eine Ente zum Vorschein.

»Quaaaaak!«, machte Stella und rollte mit den Augen. Hatte sie es nicht gesagt? Kein Pony und auch nichts Weihnachtliches.

»Los, iss dein Müsli auf!« Papa grinste. »Morgen probieren wir es noch mal.«

Immerhin war kein Osterei im Kalender gewesen, dachte Stella später auf dem Weg zur Schule. Dafür konnte man wohl schon dankbar sein!

Heute hatte sie keine Zeit, um auf dem Marktplatz stehen zu bleiben und den Tannenbaum zu bestaunen. Doch im Vorbeigehen stutzte sie. Die unteren Äste des riesigen Baumes schienen wie von Zauberhand auf und nieder zu wippen. Dabei war überhaupt kein Wind zu spüren. Ob da unten ein Hund herumschnupperte?

Stella wurde von Yasin abgelenkt, der gerade um die Ecke bog. Yasins Vater Mehmet gehörte der Gemüseladen, an dem Stella jeden Tag vorbeikam, und Yasin ging in ihre Klasse.

Stella mochte Yasin gern. Nicht so gern wie Angélica natürlich, aber für einen Jungen war er wirklich nett. Stella seufzte. Sie vermisste ihre beste Freundin schrecklich.

»Du grunzt so komisch«, sagte Yasin. »Ist was?«

»Nö!«, erwiderte Stella.

Und dann liefen sie zusammen zur Schule.

»Was wünschst du dir eigentlich zu Weihnachten?«, fragte Yasin.

»Ein Pony«, sagte Stella. »Aber das kriege ich eh nicht.«

Yasin überlegte. »Nee«, sagte er, »das ist klar. Ein Pony kriegt man nicht zu Weihnachten. Hast du ein Fahrrad?«

Stella nickte.

»Wollen wir nach der Schule zusammen rumfahren?«

Stella nickte noch doller. »Au ja!«

Mama und Papa würden heute erst am späten Nachmittag zu Hause sein. Stella sollte nebenan bei Frau Birnbaum zu Mittag essen und danach Schulaufgaben machen. Diese Aussicht war nicht so richtig verlockend.

»Du kannst bei uns essen!«, schlug Yasin vor.

»Okay«, grinste Stella. »Dann sag ich nachher Frau Birnbaum Bescheid und hole mein Rad.«

Bei Yasin zu Hause gab es den leckersten Auberginenauflauf, den Stella je gegessen hatte.

»Alles frisch aus unserem Laden«, lächelte Yasins Mama stolz.

»Wenn das so weitergeht, ist im Laden aber nicht mehr viel übrig«, muffelte Yasins Vater, aber er zwinkerte den Kindern freundlich zu. Dann wurde er ernster. »Seit Tagen klaut mir jemand was von den Auslagen auf der Straße. Nicht viel. Aber genug, dass es mir auffällt.«

»Echt?« Yasin war sofort hellwach. »Ein Kriminalfall?« Yasin stand total auf Kriminalfälle.

Mehmet lachte. »Na ja, Kriminalfall würde ich das vielleicht noch nicht nennen.« Er schüttelte ärgerlich den Kopf. »Ich drück ja gern ein Auge zu, wenn mal jemand einen Apfel klaut. Wenn das aber jeden Tag passiert, dann …«

»Dann?«, fragte Stella.

»Dann sollte derjenige sich was schämen!«, fand Alima, Yasins Mutter, und half Mehmet, den Tisch abzuräumen.

Nach dem Essen fuhren Stella und Yasin los.

»Ich hab eine Idee!«, rief Yasin, während sie den kleinen Berg zum Park runterrasten. »Wir suchen den Dieb, der meinem Papa das Obst und das Gemüse klaut, ja?«

»Wie sollen wir den denn suchen?«, fragte Stella, während sie versuchte, ein paar Pfützen auszuweichen. »Wir können doch nicht jeden, der einen Apfel isst, fragen, ob er den vielleicht bei euch im Laden gestohlen hat.«

Da musste Yasin kichern. »Nee. Mist. Hm. Vielleicht fällt mir noch was anderes ein.«

Doch bis dahin kurvten sie einfach so durch die Stadt.

Nur einmal mussten sie schneller in die Pedale treten, weil Hasso, der ja im ersten Haus (oder im letzten, ganz wie man will) wohnte, plötzlich aus einer Seitenstraße neben ihnen auftauchte. Er hatte Herrn Schneider im Schlepptau, der etwas hilflos hinter ihm an der Leine hing und sich bemühte, mit seinem Hund Schritt zu halten.

Hasso bellte die Kinder böse an und zog noch kräftiger an der Leine. Stella hatte ein bisschen Angst, denn mit Hasso war nicht zu spaßen. Das wusste auch Yasin. Streicheln konnte man den nicht.

Das war ein richtig schöner Nachmittag, dachte Stella, als sie später nach Hause radelte. Und weil ihr das Fahrradfahren gerade so viel Spaß machte, fuhr sie noch einen kleinen Schlenker hinten im Park an den Ententeichen vorbei.

Normalerweise standen dort immer Leute und fütterten die Enten und Gänse. Obwohl Papa gesagt hatte, dass man das eigentlich nicht solle, weil so viel Brot gar nicht gut für Entenmägen sei. Doch heute war der Park schon fast leer.

Es dämmerte. Gleich würde es richtig dunkel sein. Stella sollte wohl besser nach Hause fahren. Und das hätte sie bestimmt auch getan, doch … genau da passierte es.

Sie sah ein Pony!

Ehrlich! Ein richtiges Pony. Nicht nur eins, das sie sich ausgedacht hatte.

Es stand – mutterseelenallein – auf der anderen Seite des Teichs mit den Vorderfüßen im seichten Wasser und trank gemütlich.

Als Stella ihr Rad abbremste und abstieg, hob das Pony den Kopf und musterte sie.

Poch – machte Stellas Herz sofort, *poch-poch-poch*! So aufgeregt, dass sie es richtig hören konnte. Stella mochte alle Tiere. Aber wunderbar warme Trommelwirbel schlug ihr Herz nur bei Ponys und Pferden. Sie hielt den Atem an. Ob das Pony ihr Herz ebenfalls hören konnte?

Es ließ seine Ohren vor und zurück spielen. So als müsse es ein wenig nachdenken, was es von Stella halten solle.

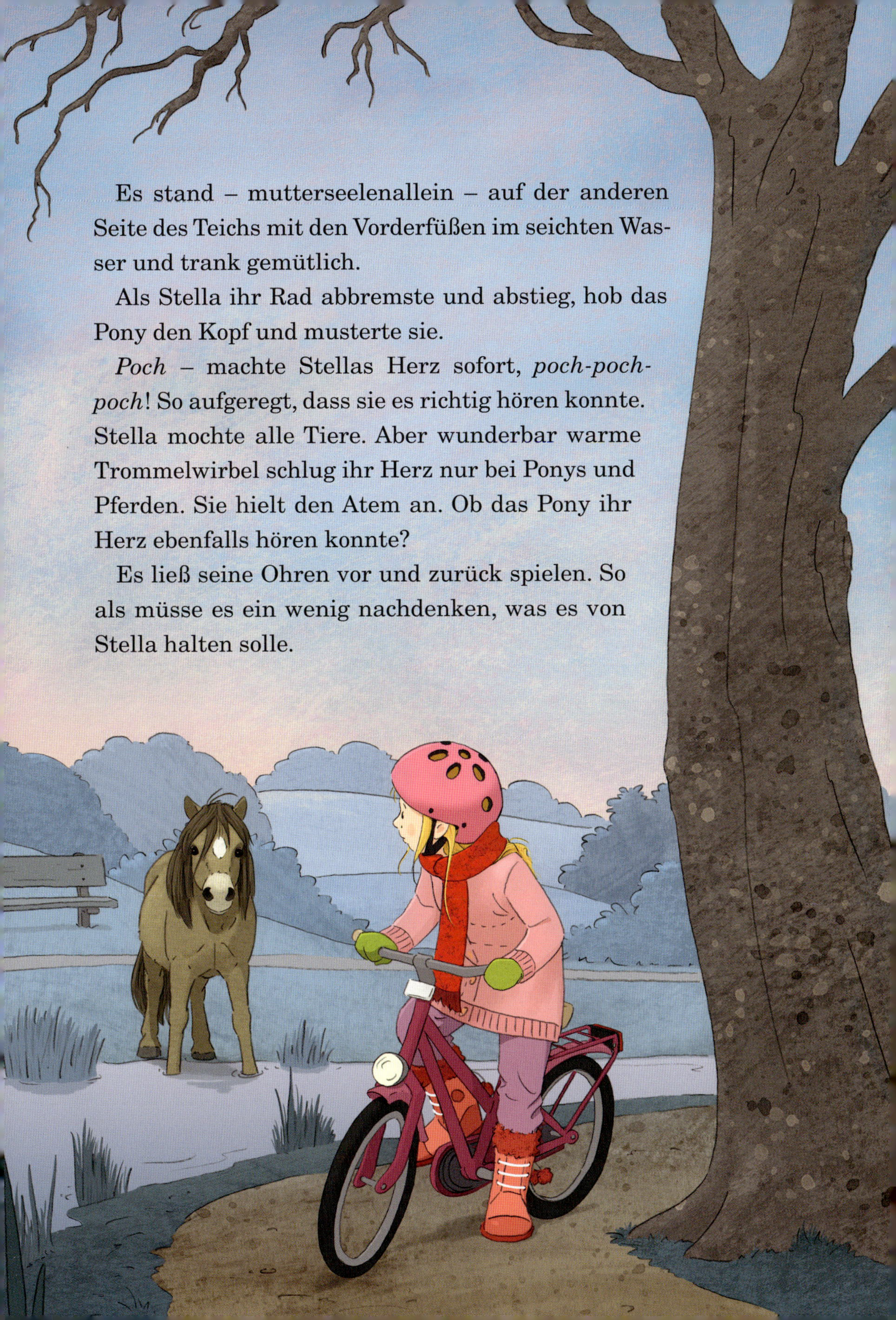

Mit langsamen Schritten schob Stella ihr Fahrrad um den See herum. Jetzt waren nur noch wenige Meter zwischen ihr und dem Pony.

Das Pony musterte sie immer noch. Dummerweise kamen genau in diesem Moment ein paar Enten böse schnatternd aus dem Gebüsch gewatschelt.

»*Wiiiiieehiiiiiii!*«, machte das Pony erschrocken.

»*Njaaaak-jaaak-jak!*«, schimpften die Enten und reckten zum Angriff die Hälse vor.

Das Pony warf seinen Kopf nach hinten und galoppierte davon.

»NEIN!«, rief Stella und hob ihre Hand, als könnte sie es damit zurückhalten.

Doch das Pony war schon fast am kleinen Wäldchen angekommen. Stella konnte gerade noch sehen, wie es in den Weg einbog, der aus der Stadt hinaus zu den Feldern führte. Dann war es weg.

Papa lachte, als Stella ihm beim Abendessen davon erzählte. »Du musst unbedingt all deine tollen Geschichten aufschreiben, Stella, wirklich!«

Stella schnaubte. Dass Papa ihr nie glaubte!

»Ein Pony läuft doch nicht einfach mutterseelenallein durch die Gegend«, meinte Mama.

»So war es aber!«, beharrte Stella.

Sie wusste genau, was sie gesehen hatte.

Freitag, der 4. Dezember

Stella konnte das Pony nicht vergessen. Beim Einschlafen hatte sie an nichts anderes gedacht, und sie dachte immer noch daran, als sie morgens am Frühstückstisch saß.

Gab es heute noch Ponys, die einfach wild durch die Gegend trabten und keinem gehörten? Und wenn diese Ponys keinem gehörten, konnte man dann einfach hingehen und sie mitnehmen und sie … vielleicht … behalten?

Papa hatte heute irgendwas Großes bei der Arbeit vor. Deswegen hatte er seine Nase in seinem Laptop vergraben. Und Mama wühlte in Papieren rum, bei denen anscheinend eins fehlte.

»Könnt ihr mir nicht mal zuhören?«, fragte Stella genervt.

Wirklich wichtig war doch nur, wo das Pony jetzt war und ob es tatsächlich niemandem gehörte! Und am wichtigsten war natürlich, dass Stella es wiederfand.

»Es war ein hellbraunes Pony«, sagte Stella zum vierten Mal, um Mama von ihrem blöden verlorenen Papier abzulenken.

»Oh, wie schön!«, antwortete Mama das vierte Mal, ohne aufzuschauen.

»Du hast ja dein Adventskalendertürchen noch gar nicht aufgemacht!«, stellte Papa fest, als er endlich hinter seinem Laptop hervorkam.

Nee, das hatte sie nicht. Heute hatte Stella wirklich andere Dinge im Kopf. »Ist bestimmt ein Bild von einem Bonbon drin«, meinte Stella, »oder von einer Katze oder einer Geburtstagstorte oder von einer Müslischüssel.« Und damit schob sie ihre halb aufgegessene Schüssel von sich weg. Sie war viel zu aufgeregt zum Essen. Sie musste ihr Pony suchen. Gleich nach der Schule. Aber natürlich öffnete sie vorher brav das Türchen.

Im Adventskalender war ein Engel.

»Na, siehst du!«, rief Papa fast erleichtert. »Engel haben ja nun wirklich was mit Weihnachten zu tun!«

Doch das war Stella fast schon egal.

Stella hielt ihre Augen auf, als sie zur Schule ging. Vielleicht lief das Pony ja immer noch in der Stadt rum.

Einen kleinen Moment lang bestaunte Stella wieder den wunderschönen Weihnachtsbaum in der Mitte des Marktplatzes. Wie hübsch der leuchtete mit seinen weißen Lichtern! Besonders morgens, wenn es noch ein wenig dunkel war. Der Baum sah richtig glücklich aus.

Plötzlich kam vom Stamm des Weihnachtsbaums – von tief unten am Boden – ein erschrockener Laut. Gefolgt von einem kleinen Rumms, so als ob jemand gegen irgendetwas geknallt war. Vermutlich gegen einen der dicken Äste, denn einer davon wippte nun auf und nieder und ließ die bunten

Anhänger tanzen. Dann ertönte ein kleiner Schrei: »Au! Verdammter Mist!«

Ein Hund war das auf jeden Fall nicht. Neugierig bückte sich Stella, um unter die dichten Äste zu gucken.

Das war gar nicht so einfach, denn die Nadeln pikten und die Tannenzweige waren so schwer, dass sie fast bis auf die Pflastersteine reichten. Stella hatte Mühe, die Äste hochzuheben. Doch als sie endlich sehen konnte, woher der Schrei gekommen war, stutzte sie.

Dort unten saß, gut versteckt von den tief hängenden Ästen, ein Mann auf der Erde. Er war in einen Schlafsack gehüllt und hatte den Rücken gegen den Baumstamm gelehnt. Er rieb sich seinen offensichtlich schmerzenden Kopf.

»Au! Verdammte Äste!«, fluchte der Mann leise, als würde

er mit sich selbst reden. »Dieses ganze Gebammel und Gebummel und Gewusel und Gefummel und – ach, hrrrrr!«

Besonders gute Laune schien er nicht zu haben. Und der hübsche Weihnachtsschmuck schien ihm auch nicht besonders zu gefallen. Mit einer ärgerlichen Handbewegung schubste er zwei goldgelbe Holzengel weg, die direkt vor seiner Nase baumelten. Doch weil die ja an Bändern fest am Ast hingen, knallten sie eine Sekunde später wie eine Schaukel noch doller zurück in sein Gesicht.

»Ooooh – hrrr – blödes Engelgebammel!«, fluchte der Mann.

Genau da bemerkte er Stella. Mit bösem Blick starrte er sie an, als wäre es Stellas Schuld, dass er sich gestoßen hatte.

»Und DU?«, bellte er in ihr Gesicht. »Was willst DU hier?«

»Äh? Nichts!« Erschrocken zog Stella ihren Kopf wieder zurück.

Hui – der war ja nicht gerade freundlich!

Was machte dieser Mann hier? Gehörte der zum Krippenspiel? Aber das wurde doch erst am vierten Advent aufgeführt. Wieso saß er dann jetzt schon hier?

»HEY!«, blaffte der Mann. Er reckte seinen Kopf ein Stück unter dem Tannenast hervor, um Stella besser sehen zu können. »Hey, ich rede mit dir!«

Ein Rascheln und Scharren war zu hören, das klang, als ob der Mann anfing, sich aus dem Schlafsack zu schälen. Stella lief lieber schnell los.

Merkwürdig!, dachte sie, als sie in der Schule ankam. Was man so alles unter Tannenbäumen finden konnte! Manchmal fand man sogar unter einem glücklichen Baum schlecht gelaunte Männer.

Zu Mittag pfefferte sie ihren Schulranzen in die Ecke, aß die kalte Reispfanne, die Papa ihr vorgekocht hatte (kalt schmeckte sie noch besser), und lief sofort los, um nach dem Pony Ausschau zu halten.

Wo sollte sie suchen?

Als Erstes ging sie runter zum Park, der total leer war. Kein Wunder, es regnete und war ungemütlich kalt. Ob Ponys auch froren? Stella rieb sich die kalten Ohren.

Was würde das Pony machen, wenn ihm kalt war? Wo würde es hingehen?

Stella lief eine ganze Stunde lang durch die Stadt. Bis der Regen immer stärker wurde und ihr die Tropfen in den Mantelkragen liefen. Dann hatte sie genug. Was für ein blöder Tag!

Den schien Mehmet, der Gemüsehändler, auch gehabt zu haben. Mit grummeligem Gesicht sortierte er seine Auslagen vor dem Fenster.

Stella stellte sich einen Moment zu ihm. Über den Gemüsekisten vor dem Laden hing eine große Markise, die den Regen abhielt.

»Schon wieder!«, sagte Mehmet zur Begrüßung. »Guck dir das an, Stella! Dieses Mal hat der Kerl richtig zugelangt. Fast die ganze Kiste ist leer. Das waren meine besten Äpfel!«

Er nahm seine Mütze ab und kratzte sich am Kopf. »Ehrlich, Stella, wer klaut bloß so viel? Das ist mir früher nie passiert. Aber seit ein paar Tagen …! Gestern waren es fünf Brokkoli und dazu noch anderes Gemüse. Heute die Äpfel. So viel kann ein Mensch doch gar nicht an einem Tag essen!«

Dann lächelte er. »Ach, was soll's! Dann muss ich eben eine neue Kiste bestellen. Hier, Stella, nimm du die restlichen!

Dann kannst du mit deinen Eltern heute Abend Bratäpfel essen.«

Bratäpfel?

Sofort wurde Stellas Laune ein kleines bisschen weihnachtlicher. Denn warme Bratäpfel zu essen, war natürlich genau das, was man an einem kalten, düsteren Regentag im Dezember machen sollte.

»Mehmet hat mir Äpfel geschenkt, wollen wir Bratäpfel machen?«, rief Stella fast schon wieder gut gelaunt, als sie nach Hause kam und Papa in seinem Arbeitszimmer sah.

Papa blickte entschuldigend auf. »Das ist eine tolle Idee mein Schatz, aber ich hab leider keine Zeit. Ich muss noch …«

Pah! Da war Stella schon wieder raus aus Papas Zimmer und hatte keine gute Laune mehr. Dieser ganze Tag war bis jetzt kein Stück weihnachtlich. Nicht das klitzekleinste Lebkuchenstückchen weihnachtlich. Und das Pony hatte sie auch nicht gefunden.

»Dann mach ich die Bratäpfel eben selbst«, sagte Stella.

Sie legte die Äpfel aufs Backblech und stellte die Temperatur auf 160 Grad. Das machte Mama auch immer so. Mama höhlte die Äpfel zwar vorher noch aus und tat Gewürze rein, aber die schmeckten bestimmt auch so.

Und als der Bratapfelduft durchs ganze Haus zog, kamen Mama und Papa doch noch aus ihren Zimmern gekrochen und schnupperten sich durch bis zur Küche.

»Stella, du allerbeste Backprinzessin!«, rief Papa begeistert und leckte sich die Lippen.

Und Mama nahm Stella in den Arm. »Was für eine großartige Idee! Mann, bin ich hungrig!«

Sie schnitten die Äpfel auf und bestreuten sie mit Zimt. Und da schmeckten sie fast genau so, wie Mama sie immer machte.

Stolz lächelte Stella und schaufelte noch einen Apfel in ihren Mund. Was für ein weihnachtswunderbares Abendessen!

Doch genau in diesem Moment geschah ein noch wunderbareres Weihnachtswunder. Der Regen hatte aufgehört und verwandelte sich stattdessen in …

Stella sah es als Erste und rannte zum Küchenfenster. »SCHNEE! Mama, Papa, es schneit!«

»Oh, wie schön!«, sagte Mama und ihre Augen strahlten. »Jetzt wird es wirklich weihnachtlich!«

»Schneeheeeflöckchen, Weißröckchen …«, sang Papa und stand auf und wirbelte Stella im Zimmer herum, *»wahann kommst du geschneit?«*

»JETZT!«, rief Stella und lachte und tanzte mit Papa durchs Zimmer.

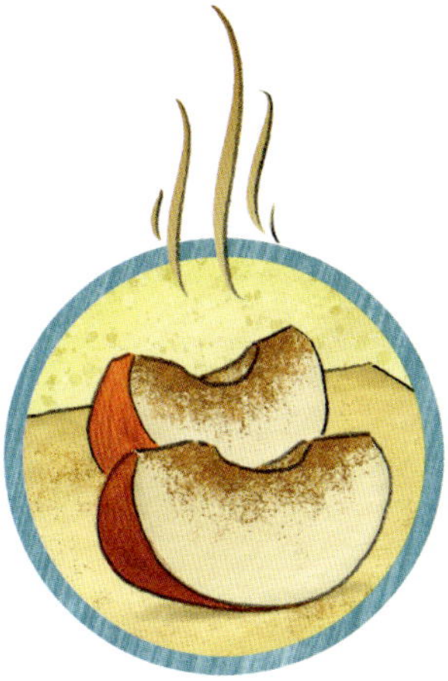

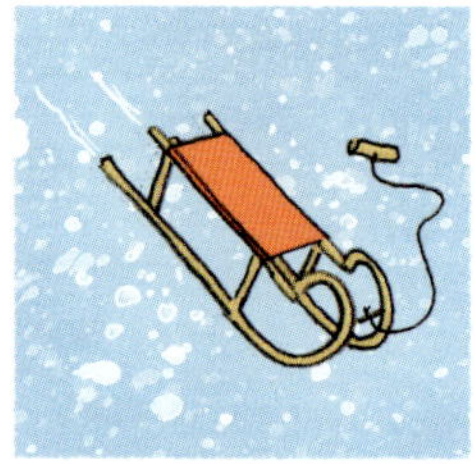

Samstag, der 5. Dezember

Am nächsten Morgen sprang Stella sofort nach dem Aufwachen aus dem Bett und lief zum Fenster. Draußen war alles von dichtem, weißem Puder überzogen. Die Vorgärten, die Straße, die Dächer der Nachbarhäuser und auch die Mütze des Zeitungsmannes, der gerade die Sonntagszeitung in die Briefkästen steckte. Es musste die ganze Nacht durchgeschneit und erst vor Kurzem aufgehört haben.

Stella atmete tief durch. Sah das schön aus! Und wie ruhig alles war!

Dezember, Schnee, Weihnachtsmonat! Stella seufzte wohlig. Endlich fühlte sich die Welt etwas richtiger an.

Dann fiel ihr das Pony wieder ein.

Wo es wohl war? Wo es wohl geschlafen hatte? Irgendwo im Schnee? Oder hatte es eine Hütte gefunden, in der es sich unterstellen konnte?

Gleich nach dem Frühstück würde Stella weitersuchen.

Da machte ihr nicht mal der langweilige Adventskalender was aus.

»Ein Schlitten«, verkündete Stella, noch bevor Papa fragen konnte, was denn heute im Türchen verborgen war.

»Na, das passt ja perfekt!«, lächelte Mama und deutete nach draußen. »Sollen wir deinen Schlitten aus der Garage holen? Es sind bestimmt ganz viele Kinder im Park und rodeln.«

Stella überlegte. Sie hatte Angst, dass das Pony schon über alle Berge sein würde, wenn sie nicht gleich nach ihm suchte.

»Leben Wildpferde immer an einem Ort oder wandern die herum wie Elefanten?«, fragte sie.

»Bist du noch immer mit deinen Pferden beschäftigt?«, lächelte Papa.

Wenigstens Mama antwortete vernünftig: »Ich glaube, in den Ländern, in denen es Wildpferde gibt, ziehen die Herden frei herum, immer dorthin, wo es Futter gibt.«

»Du meinst, bei uns gibt es gar keine Wildpferde?«, fragte Stella.

»Nein, natürlich nicht«, meinte Papa. »Warum? Hast du schon wieder eins gesehen?«

Ha! Stella konnte sich vorstellen, was für einen Spruch Papa machen würde, wenn sie jetzt JA sagen würde.

»Pffff«, machte sie stattdessen und stand auf. »Ich geh ein bisschen raus, ja?«

»Mit deinem Schlitten?«, fragte Mama.

»Klar«, sagte Stella. Sie konnte ja erst das Pony suchen und dann immer noch rodeln gehen.

»Sei bitte pünktlich um zwölf zurück, ja?«, rief Papa ihr hinterher. »Du weißt, wir wollen heute Nachmittag zu Oma und Opa rausfahren.«

Stella wollte unbedingt noch mal zu den Ententeichen gehen, wo sie das Pony vor zwei Tagen gesehen hatte. Gut gelaunt blinzelte sie in die Sonnenstrahlen. Irgendwie hatte sie ein gutes Gefühl. Ein richtig gutes Gefühl, dass heute etwas richtig Gutes passieren würde.

Stella hätte auch eine Abkürzung nehmen können, doch sie ging den etwas weiteren Weg über den Marktplatz. Den Schlitten zog sie hinter sich her. Sie guckte sich einfach gern den riesigen Tannenbaum an. Und insgeheim war sie auch ein bisschen neugierig, ob der Mann von gestern wieder da war.

Vorsichtig, ganz vorsichtig, lugte Stella unter die Äste. Sie konnte nichts sehen. Ihr war ein klein wenig unheimlich zumute. Der Mann war schließlich auch ein klein wenig unheimlich gewesen. Aber neugierig war Stella trotzdem. Sie bückte sich und kletterte unter die Äste.

Hier drunter war es fast wie in einem Zelt. Völlig geschützt. Niemand konnte einen sehen. Das war das allerbeste Versteck aller Zeiten! Auf der Erde lagen ein paar Bananenschalen und ein Pappbecher, doch der Mann war nirgends zu entdecken. Ob das Mehmets Bananen gewesen waren? Ob es dieser Mann war, der Mehmet schon die ganze Zeit beklaute?

Stella robbte wieder unter der Tanne hervor. Rückwärts, damit sie nicht die piksigen Nadeln ins Gesicht kriegte.

»Nanu, Kind!«, hörte sie hinter sich eine Stimme. »Was machst du denn da?«

Stella drehte sich um und sah direkt in das Gesicht von Frau Schneider, die sich zu ihr runterbeugte. Aber was noch schlimmer war: Stella sah noch direkter in das Gesicht von

Hasso. Hasso stand neben Frau Schneider. Seine hechelnde Schnauze war genau auf gleicher Höhe mit ihrem Gesicht.

»Wrrrrrrrufff!«, machte Hasso jetzt. *»Wrrrrrruurrrr-ruuuuuff!«*

Hilfe!

»Ruhig, Hasso, ruhig!« Frau Schneider bemühte sich, den knurrenden Hund ein paar Meter wegzuziehen. Hoffentlich riss Hassos Leine nicht!

»Da saß gestern ein Mann«, erzählte Stella und deutete auf die kleine Höhle unter der Tanne.

Frau Schneider riss die Augen auf.

»Der hatte einen Schlafsack«, erzählte Stella weiter.

Frau Schneider riss die Augen noch größer auf. »Kind!«, rief sie entsetzt. »Kind! Vor solchen Männern musst du dich in Acht nehmen! Die sind gefährlich!«

»Wruff!«, machte Hasso und zerrte an seiner Leine. *»Wrrrrrrruff-wruuuuuuff!«*

Stella fand aber gerade Frau Schneiders Hund noch gefährlicher. Deswegen beschloss sie, sich lieber vor Hasso in Acht zu nehmen. Sie schnappte sich ihren Schlitten und rannte los.

Aus den Augenwinkeln konnte sie sehen, wie Frau Schneider immer noch an der Leine zerrte. Hasso war kein Hund, der brav neben seinen Menschen herdackelte wie die meisten anderen Stadthunde. Zum Glück ließ ihn Frau Schneider nicht frei herumlaufen. Sie hatte viel zu viel Angst, dass er jemanden beißen würde.

Jetzt lief Stella schnell die Hauptstraße runter in Richtung Park.

Da sah sie ihn! Den gefährlichen Mann.

Dieses Mal saß er nicht unter einem Baum, sondern vor der Sparkasse. Den Schlafsack hatte er als Sitzkissen zusammengefaltet. Wahrscheinlich damit ihm der Hintern auf dem Schnee nicht einfror.

Der Mann hatte eine rote Pudelmütze auf. Seine Füße steckten in dicken Schuhen, die ziemlich schmutzig aussahen und vorne ein Loch hatten. Am linken Schuh fehlte außerdem der Schnürsenkel.

Papa würde nie so auf die Straße gehen, dachte Stella. Aber Papa saß auch nicht unter Weihnachtsbäumen oder vor Sparkassen rum.

Neben dem Mann auf der Erde stand ein Mann in einem Anzug. Der arbeitete bestimmt in der Sparkasse. Der Anzug-Mann schimpfte mit dem Mann auf der Erde.

»Hauen Sie endlich hier ab!«, rief er und machte eine Handbewegung, die irgendwohin – wahrscheinlich möglichst weit weg – deutete.

»Aber wohin soll ich denn gehen?«, fragte der Mann auf der Erde.

»Ist mir egal«, schnauzte der Anzug-Mann. »Hier können Sie jedenfalls nicht bleiben. Unsere Kunden fühlen sich gestört.«

Der alte Mann seufzte und rappelte sich auf.

»Und lassen Sie ja nichts von Ihrem Krempel hier liegen!«, verlangte der Anzug-Mann barsch, bevor er wieder in die Sparkasse ging.

Stella guckte, was der Anzug-Mann mit *Krempel* gemeint hatte.

Neben dem alten Mann standen zwei große Plastiktüten voll mit irgendwas. In der Hand hatte er einen Pappbecher

mit heißer Brühe, den er jetzt abstellte. Daneben lag ein eingepacktes Brötchen aus dem Supermarkt, das er noch nicht angerührt hatte. Außerdem lag hinter ihm ein ziemlich großer Stapel Zeitschriften und Zeitungen. Und als der Mann aufgestanden war, bemerkte Stella sogar noch einen ziemlich dreckig aussehenden Rollkoffer, der unter dem Schlafsack zum Vorschein kam.

Der alte Mann zitterte, als er versuchte, seine Sachen zusammenzupacken. Dauernd fiel ihm was aus den Händen. Es war aber auch schwierig, alles zu tragen. Allein der Stapel Zeitschriften wog bestimmt eine Menge. Viel zu viel für einen allein.

Stella tat der Mann leid.

In der Sparkasse öffnete sich ein Fenster und der Anzug-Mann steckte seinen Kopf raus. »Alles, was liegen bleibt, fliegt sofort in den Müll. Haben Sie verstanden?«

Der alte Mann seufzte tief. Da tat er Stella noch mehr leid. Wie fies war denn bitte dieser blöde Sparkassen-Heinzi?

Sie überlegte gerade, ob sie dem Mann tragen helfen sollte, da blaffte er sie an. »Hey, was glotzt du so, hm?«

Stella lief nicht weg. Dieses Mal nicht. Irgendwie wusste sie, dass dieser Mann Hilfe brauchte. Auch wenn er unfreundlich war. Sie hatte zwar keine Lust, mit unfreundlichen Menschen zusammen zu sein. Aber trotzdem. Irgendwas musste sie tun.

Da fielen dem Mann die Zeitschriften aus der Hand.

Stella machte einen Schritt auf ihn zu. »Willst du meinen Schlitten leihen?«, fragte sie. »Dann kannst du all die Sachen da drauf tun und alles ganz leicht ziehen.«

Der Mann starrte sie an, als hätte Stella ihm ins Gesicht geschlagen. Unfreundlich, abwehrend, verletzt und … sprachlos. Ja, größtenteils sprachlos.

Uiiii! Stella kriegte sofort Angst, dass er sie gleich wieder anschnauzen würde. Sie ließ den Schlitten stehen und rannte nun doch schnell weg. Die Straße runter zum Park.

Im Park waren Yasin, Mimi und andere Kinder, die sie echt gern mochte.

»Hast du keinen Schlitten dabei?«, fragte Mimi.

»Ach …«, machte Stella mit einer wegwerfenden Handbewegung, »ich fahr einfach bei euch hinten drauf mit, ja?«

Sie rodelten wie die Wilden. Zu dritt und zu viert auf einem Schlitten. Dabei mussten sie so lachen, dass sie meistens schon vom vielen Kichern von den Schlitten runterfielen.

Über und über voll mit Schnee fragte Stella irgendwann jemanden nach der Uhrzeit. Halb eins? Hilfe! Sie musste nach Hause. Dabei wollte sie doch eigentlich ihr Pony suchen. Aber zu Oma und Opa wollte sie natürlich auch.

Abends im Bett musste Stella an ihre Vorahnung am Morgen denken. Sie hatte so ein Gefühl gehabt, als ob heute irgendwas wirklich Gutes passieren würde.

Okay, das Schlittenfahren hatte echt Spaß gemacht. Und bei Oma und Opa war es immer toll, die waren so lieb. Aber irgendwie hatte es sich so angefühlt, als ob etwas ganz Besonderes passieren würde. Als ob sie ihr Pony wiederfinden würde.

Stattdessen hatte sie nur ihren Schlitten bei einem alten Mann gelassen, den sie vielleicht nie wiedersehen würde. Den Mann nicht und den Schlitten nicht.

Trotzdem. Tief im Bauch war Stella glücklich.

Komisch.

Sonntag, der 6. Dezember

Klar, dass am Nikolaustag ein Nikolaus hinter dem Türchen mit der Nummer 6 zum Vorschein kam! Wäre da jetzt ein Surfbrett drin gewesen, hätte Stella den Kalender aber wirklich in den Müll gepfeffert.

»Hört mal!«, sagte Mama. »In Neubergen ist ein großer Weihnachtsmarkt. Das ist von uns nur zehn Minuten mit dem Auto, wollen wir da hin?« Sie lugte hinter der Zeitung hervor und lächelte. »Da gibt es Ponys!«

»Echt?« Stella sah sofort auf.

Mama nickte. »Ja, hier steht, dass dieses Jahr ein Ponykarussell dort haltgemacht hat. Ein Weihnachtsmarkt UND Ponys! Wie perfekt ist das?«

»Was ist denn ein Ponykarussell?«, fragte Stella.

»Das ist ein großes, rundes Zelt«, erklärte Papa, »in dem man auf Ponys reiten kann. Du weißt schon, die laufen immer im Kreis rum.«

Hm. Also, so richtig doll perfekt klang das nicht. Da waren bestimmt nur Kleinkinder.

Aber sie würde immerhin Ponys zu Gesicht kriegen. Und bestimmt streicheln dürfen. Und den Duft riechen können.

»Jaaaaa!«, rief Stella. »Lasst uns hinfahren!«

Etwas außerhalb von Neubergen parkten sie das Auto auf einer Wiese. Der Weihnachtsmarkt lag direkt daneben. Bunt geschmückte Buden waren in mehreren langen Reihen aufgebaut. Stella wusste gar nicht, wohin sie als Erstes gucken sollte. Zuckerwatte, Lebkuchenherzen, Bonbonkringel, Schmalzgebäck … Und dann natürlich all die Buden mit Schmuck und Weihnachtsdeko und Duftkerzen und Holzarbeiten und so vielem mehr!

Nach fast zwei Stunden Rummarschieren und Staunen waren Stella und Mama und Papa hungrig und durstig. An einer Bude mit Getränken blieben sie stehen. Und dann gab es heißen Kakao mit einem dicken Klecks Schlagsahne obendrauf für Stella und heißen Glühwein für Mama und Papa. Lecker!

»Und wo sind jetzt die Ponys?«, fragte Stella.

»Immer der Nase nach!«, lachte Papa.

Und tatsächlich wehte der Wind gerade allersüßesten Ponyduft in ihre Richtung.

Stella drehte sich um. Hinter ein paar Campingwagen standen vier Ponys in einem kleinen Gehege, das etwa so groß war wie einer der Wagen. Dahinter sah Stella das, was Mama Ponykarussell genannt hatte. Viele Kinder warteten vor dem Zelt.

»Erst austrinken!«, grinste Papa. »So viel Zeit muss sein. Die Ponys laufen nicht weg.«

Nein, dass sie das tatsächlich nicht konnten, sah Stella, als sie endlich zum Karussell gingen.

Acht Ponys drängten sich in dem kleinen runden Zelt. Mit fast bis zum Boden hängenden Köpfen trotteten sie langsam Runde um Runde. Ihre Nasen waren in den Schweifen der Ponys vor ihnen vergraben. Zwischen den einzelnen Tieren war kaum Abstand. Zu viele Kinder wollten reiten und das Zelt war nicht groß. Die Schlange der Kinder reichte fast bis zu den Lebkuchenbuden.

In der Mitte des Zelts stand ein Mann mit einer Peitsche in der Hand. Zum Glück schien er die Peitsche aber nicht zu benutzen, weil keines der Ponys stehen blieb oder aus der Reihe lief. Der Mann war als Nikolaus verkleidet. Stella mochte ihn nicht, diesen Nikolaus.

»Stella?«, fragte Papa erstaunt. »Was ist denn los? Du siehst ja plötzlich so traurig aus.«

Stella konnte nichts sagen. Nicht nur sie war traurig. Die Ponys sahen noch viel trauriger aus. So viele traurige Ponys zu sehen, war nicht schön.

»Möchtest du reiten?«, fragte Mama gut gelaunt. »Willst du dich anstellen?«

Stella schüttelte den Kopf. Sah Mama denn gar nicht, wie unglücklich diese Tiere waren?

Manche hatten ihre Augen halb geschlossen. Fast so, als hätten sie jede Hoffnung aufgegeben, jemals etwas anderes machen zu dürfen, als ewig hier im Kreis zu gehen.

»Wann dürfen die denn auf ihre Weide?«, fragte Stella.

Papa guckte etwas verblüfft. Vermutlich hatte er darüber noch nie nachgedacht. Er zuckte mit den Schultern. »Ich glaube nicht, dass die eine Weide haben. Die fahren doch von Stadt zu Stadt. Wenn nicht gerade Weihnachten ist, stehen sie auf Jahrmärkten.«

»Das ist ja voll schrecklich«, sagte Stella leise.

Nun sah auch Mama etwas betreten aus. »Nun ja«, meinte sie, »die Ponys sind das ja gewohnt. Die kennen nichts anderes.«

»Das ist ja noch schrecklicher«, fand Stella.

Und dann stellte sie sich vor, wie es wäre, wenn sie den ganzen Tag im Kreis laufen und abends in dem winzigen Gehege stehen müsste.

»Dürfen die denn nie galoppieren?«, fragte Stella.

»Aber nein!«, meinte Mama. »Da würden die Kinder doch runterfallen.«

Langsam ging sie durch den matschigen Schnee zurück zu dem kleinen Gehege.

»Hallo!«, grüßte Stella die Ponys, die dort dösend standen.

Die drei Pferde von Herrn Timmermann kamen immer sofort zum Zaun getrabt, wenn Stella sie rief. Doch diese Ponys reagierten nicht. Gar nicht. So viel Stella auch lockte.

Eines stand nahe genug, dass Stella ihm über die Mähne streicheln konnte. Da hob es seinen Kopf und sah Stella nachdenklich an.

»Krault dich nie jemand?«, fragte Stella.

Die Ponyaugen guckten sie verständnislos an. Fast hatte Stella den Eindruck, als wüsste dieses Pony nicht mal, wovon sie redete.

Auf der Rückfahrt im Auto war Stella schweigsam. Sie wusste, dass nicht alle Kinder auf der Welt ein glückliches Zuhause hatten. Herr Flötenbauer in der Schule erzählte manchmal von Kindern, die ganz anders als Stella und ihre Klassenkameraden leben mussten. Stella wusste, dass es Kinder gab, die nicht mal genug zu essen hatten. Sie hatte nur nicht gewusst, dass all das offenbar auch für Ponys galt.

Sie dachte an das Pony, das sie am Ententeich gesehen hatte. Wie glücklich und frei das ausgesehen hatte!

Weil es langsam Abend wurde und die Temperaturen sanken, fror der Schnee auf der Straße zu Eis. Papa musste langsam fahren. Tief in Ponygedanken verloren guckte Stella aus dem Fenster. Papa hatte eine wenig befahrene Nebenstraße genommen, bis jetzt hatte Stella kein einziges anderes Auto gesehen. Der Schnee auf der entgegengesetzten Fahrbahn sah unberührt aus. Ab und zu glitzerten Eisplatten in der untergehenden Sonne.

Stella seufzte. Irgendwie schien es dieses Jahr einfach nicht gut zu klappen. Mit dem wunderschönen Weihnachtsgefühl. Mit der kribbeligen Vorfreude. Mit …

»HAAAAALT!«, schrie Stella plötzlich. »HALT, PAPA, HAAAAALT AN! SOFORT!« Stella schrie so laut, dass Papa automatisch mit voller Kraft auf die Bremse trat.

Die Reifen quietschten, der Wagen schlidderte auf dem Eis, Mama kreischte und … dann brachte Papa den Wagen endlich zum Halten. Ihm stand der Schweiß auf der Stirn. Zum Glück waren alle angeschnallt gewesen.

»Puh!« Mit entsetztem Blick guckte er durch den Rückspiegel zu Stella. »Alles in Ordnung?«

Mama stand der Schock noch im Gesicht. »Stella-Maus! Was ist passiert?«

Stella fummelte aufgeregt an dem blöden Sicherheitsgurt rum, der nie so schnell aufging, wie er sollte.

»Bist du verrückt?«, rief Papa. »Du kannst doch nicht mitten auf der Straße aussteigen! Was zum fetten Kuckuck ist denn eigentlich los?«

Doch Stella hörte nicht. Sie MUSSTE raus. Weil sie nämlich plötzlich etwas bemerkt hatte in dem weißen unberührten Schnee auf der anderen Straßenseite. Eine Spur nämlich. Eine Spur, die ganz klar von einem …

»Stella, NIIIIICHT!« Mama bekam gerade noch Stellas Mantel zu fassen, bevor diese die Autotür öffnen konnte. »Bist du verrückt, da kommt doch ein …!«

WROOOOOOOMMMMMM!, zischte ein Riesenlaster auf der Gegenspur an ihnen vorbei.

Uff! Den hatte Stella überhaupt nicht gesehen. Ihr Herz klopfte. Aus zwei Gründen. Erstens wäre sie gerade beinahe unter einem Lastwagen gelandet. Also klopfte ihr Herz natürlich wie wild vor Schreck. Aber außerdem klopfte es noch vor Aufregung.

»Papa!«, rief Stella atemlos. »Es war hier. Mein Pony! Da sind Spuren im Schnee. Da sind ganz klar Hufspuren, es muss also hier gewesen sein.«

Papa guckte verwirrt. »Welches Pony denn bitte? Wovon sprichst du?«

Ach, dass Eltern nie richtig zuhörten und einem dann noch nicht mal was glaubten!

»Kommt mit! Bitte!« Stella öffnete vorsichtig die Autotür – nicht ohne dieses Mal zu prüfen, dass die andere Fahrbahn auch frei war. »Ich zeig's euch!«

Aufgeregt lief sie mit Mama und Papa ein paar Meter zurück an die Stelle, an der sie die Spur gesehen hatte. Ganz eindeutig waren Hufabdrücke im hellen Schnee gewesen.

Wo – wo waren sie denn jetzt? Stella konnte nur die breiten Reifenspuren des Riesenlasters sehen. Das war doch zum Heulen! Sie wurde ganz verzweifelt. »Ehrlich, sie waren hier! Mein Pony war hier!«

Mama und Papa guckten jetzt doch etwas verblüfft. *»DEIN Pony?«*

»Welches Pony denn?«, fragte Mama.

»Du denkst dir das doch nicht schon wieder aus?«, fragte Papa.

Pah. Da hatte Stella gar keine Lust mehr zu antworten.

Papa schüttelte den Kopf. »Stella, Stella! Deine Fantasie möchte ich haben! Kommt, lasst uns nach Hause fahren! Ich hab Hunger!«

»Nach nur fünf Kilo Lebkuchenherzen?«, fragte Mama und lachte.

Abends im Bett dachte Stella nach. *Eine bunt gemischte Suppe!*, hätte Oma diesen Tag genannt. Und dann hätte sie noch gesagt: *So ist das Leben!*

Es hatte Riesenspaß gemacht, mit Mama und Papa über den Weihnachtsmarkt zu schlendern. Aber es war scheußlich gewesen, die traurigen Ponys zu sehen.

War so das Leben?

Stella angelte im Dunkeln nach unten. Direkt neben ihrem Bett standen die dick gefüllten Gummistiefel, die sie am Morgen vor ihrem Zimmer gefunden hatte. Stella hatte ganz vergessen gehabt, dass heute Nikolaustag war. Aber – oh – der Nikolaus, der liebste Nikolaus von allen, hatte es nicht vergessen!

Sie fischte zwei Marzipankugeln aus ihrem linken Stiefel, schob sie in den Mund und ließ das Zuckerzeug auf der Zunge zergehen.

Eins war jedenfalls sicher: Das Pony vom Ententeich war immer noch irgendwo hier in der Gegend!

Montag, der 7. Dezember

Als Stella an diesem Morgen aus dem Fenster guckte, hatte es noch mehr geschneit. Die Flocken waren vom Wind zu kleinen Hügeln auf den Dächern der parkenden Autos hochgeweht worden und an den Straßenrändern türmten sich dort, wo die Leute den Gehweg frei geschippt hatten, hohe, weiße Mauern.

Papa hatte geflucht, weil er sein Auto frei schaufeln musste. Und Mama hatte murrend den Schnee vor der Haustür zur Seite geschippt. Stella hatte allein frühstücken müssen.

Im Adventskalender war heute ein Bild von einem in Schreibschrift beschriebenen Papier mit einem Stift daneben gewesen.

Tsssss – weihnachtlich? Hallo? Aber Stella hatte schon gar nichts anderes mehr erwartet. Langweilig, dieser Kalender, total langweilig!

Vor dem Frühstück war die Straße vorm Haus noch ganz weiß gewesen. Doch als Stella auf dem Weg zur Schule war, fuhren bereits überall Autos herum und die schneebedeckten Wege hatten sich in braune Matschstraßen verwandelt. Unterwegs hielt sie nach dem alten Mann Ausschau. Sie hätte gerne ihren Schlitten zurückgehabt. Bestimmt würden sich alle ihre Mitschüler nach der Schule wieder an dem Berg im Park treffen. Doch der alte Mann war nirgends zu sehen. Nicht vor der Sparkasse und auch nicht unter dem riesigen Tannenbaum auf dem Marktplatz.

Dafür stand Mehmet fluchend vor seinem Gemüseladen. »Wenn ich den Kerl erwische!«

»Ist wieder was geklaut worden?«, fragte Stella.

»Guck es dir an!« Mehmet zeigte wütend auf eine halb leere Kiste, in der nur noch zwei mickrige Brokkoli-Knollen lagen. »Vor einer Stunde war die noch ganz voll.«

Stella dachte an den Mann. Ob der sich Essen stahl? Vielleicht hatte er nicht genug Geld, um sich was zu kaufen? Stella traute sich nicht, Mehmet von dem Mann zu erzählen. Vielleicht zeigte er ihn dann bei der Polizei an. Und das wollte Stella eigentlich nicht.

»Wahrscheinlich waren das diese Rotzlöffel vom Gymnasium«, grunzte Mehmet. »Die halten das Klauen für eine Mutprobe. Dann spielen sie mit dem Brokkoli Fußball und lassen ihn zum Schluss irgendwo liegen. Eine verdammte Verschwendung ist das! Wenn ich die erwische!«

Da erzählte Stella doch von dem Mann.

Aber Mehmet lachte. »Nein, nein, Martin war das nicht! Der kommt hier manchmal vorbei und dann schenke ich ihm was. Der braucht bei mir nichts zu stehlen.«

»Du kennst ihn?«, fragte Stella erstaunt.

Mehmet nickte. »Er wechselt ab und zu die Stadt, weil die Leute ihn überall wegscheuchen. Letzten Sommer war er auch schon ein paar Wochen hier. Dann war er plötzlich weg. Und nun ist er wieder da.«

»Aber warum sitzt er den ganzen Tag nur auf der Straße? Das ist doch viel zu kalt?«, fragte Stella. »Warum sitzt er nicht lieber zu Hause?«

Mehmet stützte sich auf seinen Schneeschieber und sah Stella ruhig an. »Weil er kein Zuhause hat.«

»Oh«, machte Stella, denn das konnte sie sich gar nicht vorstellen. Hatte nicht jeder Mensch ein Zuhause?

Mehmet fing wieder an zu schippen. »Musst du nicht zur Schule? Yasin ist schon lange weg.«

Klar musste sie! Und schnell lief Stella weiter.

In der ersten Stunde hatten sie Sport. Das war superklasse, denn statt in die Turnhalle zu gehen, gingen sie raus auf den Schulhof und bauten Schneemänner. Herr Flötenbauer, Stellas Lehrer, fand, dass das auch sehr sportlich war. Stella mochte Herrn Flötenbauer echt gern.

In der zweiten Stunde mochte sie ihn allerdings nicht mehr ganz so gern, denn da verkündete Herr Flötenbauer, dass sie heute zur Übung ein Diktat schreiben würden. Die ganze Klasse stöhnte. Stella rollte mit den Augen. In Rechtschreibung war sie nicht besonders gut. (Dafür konnte sie sich aber wirklich prima Geschichten ausdenken. Im Denken war sie nämlich sehr gut.)

Nach der Schule gingen wieder alle zum Rodeln. Es machte genauso viel Spaß wie am Samstag. Stella fuhr abwechselnd auf

Mimis und auf Yasins Schlitten mit. Bis die Jungen anfingen, zusammen zu flüstern, und Yasin mit in ihre Gruppe zogen.

»Was haben die denn?«, fragte Paulina.

»Die haben ein Geheimnis«, sagte Mimi und zog die Augen zu muffeligen Schlitzen zusammen. Mimi mochte keine Geheimnisse, außer natürlich ihre eigenen.

»Wir müssen rauskriegen, was das ist!«, schlug Zola mit leuchtenden Augen vor. Im Gegensatz zu Mimi fand Zola Geheimnisse toll. Da konnte man so schön hinterherschnüffeln und was Spannendes rausfinden.

Die Mädchen spionierten also und kloppten sich dann wunderbar im weichen Schnee mit den Jungs, weil die natürlich nicht belauscht werden wollten. Aber vor allem kloppten sie sich, weil es solchen Spaß machte, sich mit Schneebällen einzuseifen.

Müde, aber gut gelaunt ging Stella am späten Nachmittag wieder nach Hause. Ein Stück des Geheimnisses hatten sie aus den Jungs mit viel Schnee rauskitzeln können. Anscheinend hatten die Jungen sich irgendwo ein Geheimversteck gebaut. Aber wo, das verrieten sie nicht.

Es begann wieder zu schneien. Die dichten Flocken bedeckten sogar den Matsch auf den Straßen. Wie ein Zaubertuch legte sich der Schnee auf die Stadt. Alles wurde langsamer. Und stiller.

Stella lächelte. Man konnte gar nicht anders, als ein warmes, wohliges Gefühl zu kriegen bei so vielen schneeweißen Flocken um einen herum.

Doch plötzlich blieb sie stehen. Und hielt den Atem an. Denn dort – konnte man es glauben? Dort stand es.

Ihr Pony!

Direkt im Garten von Frau Birnbaum. Und rupfte sich genüsslich kauend ein paar Blätter von dem Busch, der neben den Rosen stand.

Das Pony schien nicht mal ein schlechtes Gewissen zu haben. Fast kam es Stella so vor, als würde es grinsen, während es seinen Kopf zu ihr drehte.

Ganz langsam ging Stella die drei Stufen zu den Vorgärten hoch. Ganz vorsichtig näherte sie sich dem Tier und streckte die Hand aus. Gleich würde sie es berühren können.

Genau da donnerte Hassos dunkles Gebell durch die magische Stille und erschütterte die gesamte Straße. *WRRUU-UFFFFF-WRUUUUFFFF-WRRRRRRRRRUFF!*

Nicht nur Stella erschrak zu Tode, sondern auch das Pony. Mit zwei Sätzen sprang es quer durch Frau Birnbaums Vorgarten, runter auf den Gehweg und donnerte mit fliegenden Hufen davon. Stella konnte gerade noch sehen, wie es am Ende der Straße in den Feldweg einbog, der zum Wald führte.

Total aufgeregt rannte sie ins Haus. »Mama! Papa! Da draußen war eben …!«

Papa grinste ihr aus der Küche entgegen. »Lass mich raten! Ein Pony, stimmt's?«

»Da war wirklich eins. Ehrlich!« Stella wurde richtig wütend, weil Papa ihr wieder nicht glaubte. »Komm mit! Ich zeig dir die Hufspuren!«

Doch als sie nach draußen gingen, waren die dichten Flocken zu einem fetten Schneegestöber geworden. Frau Birnbaums Garten und alles andere war mit einer frischen Schicht Schnee überzogen. Von Hufspuren war nichts mehr zu sehen.

Birnbaum

Dienstag, der 8. Dezember

Stella hopste rüber zum Fenster, bevor sie überhaupt richtig wach war. Sie wollte unbedingt wissen, ob es immer noch schneite. Wenn das Schneegestöber anhielt, würde heute schulfrei sein, hatte Papa gestern behauptet.

Sie lugte aus dem Fenster. Es stöberte wirklich ganz wunderbar. Wild tanzten die Flocken, knallten gegen die Scheibe, rempelten sich gegenseitig an, schlugen Purzelbäume und formten kleine Strudel in der Luft. Alles war so weiß, dass Stella kaum die Häuser gegenüber auf der anderen Straßenseite sehen konnte.

Hurra! Dieses Wetter musste doch einfach schulfrei geben!

Stella rannte die Treppe runter und Mama direkt in die Arme.

»Die Schule ist geschlossen«, begrüßte Mama sie und gab ihr einen Kuss. »Sie haben es gerade im Radio durchgesagt.«

»Jaaaaa!«, rief Stella und wieherte vor Freude.

»Du verrücktes Huhn!«, lachte Mama und wieherte aus Quatsch ein bisschen mit.

»Haben wir die Ponys jetzt schon im Haus?«, fragte Papa, der gerade vom Schneeschippen zurück in die Küche kam.

Da wieherten Stella und Mama noch mal.

»Du kannst heute mit in meinen Buchladen kommen«, schlug Mama beim Frühstück vor.

Im Buchladen war Stella gerne. So viele Bücher, die sie angucken konnte! Und manchmal durfte sie sich auch eins aussuchen und zum Lesen mit nach Hause nehmen. Auch wenn nicht Weihnachten oder Geburtstag oder Ostern war. Mama bekam Mitarbeiterrabatt.

»Aber nicht den Adventskalender vergessen!«, rief Papa.

Stella fummelte das achte Türchen auf und verkündete wenig begeistert: »Ein Hund.«

»Lass mal sehen«, bat Mama. »Witzig, der sieht ja fast wie Hasso aus!«

Stella guckte. Umso blöder! Wer wollte schon einen Hund wie Hasso in einem Weihnachtskalender haben?

Im Buchladen, in dem Mama arbeitete, war es warm und gemütlich. Auch wenn es draußen immer noch stürmte und schneite. Allerdings kamen wegen des Wetters sehr wenig Kunden ins Geschäft. Wenn Mama bediente, guckte sich Stella Comic-Bücher an. In der Kinderabteilung für Leser ab neun gab es sogar Pony-Comic-Romane.

Mittags schob Mama in der kleinen Küche hinter dem Laden eine Tiefkühlpizza in den Ofen, und danach wollte Stella endlich raus. Und weil der Wind sich tatsächlich etwas gelegt hatte, hatte Mama auch nicht mehr ganz so große Angst, dass Stella weggeweht werden könnte.

»Sei trotzdem vorsichtig!«, rief Mama ihr hinterher.

»Mir passiert schon nichts!«, rief Stella zurück. Was Mama sich ständig für Sorgen machte! Was konnte einem in all dem schönen weichen Schnee in einer freundlichen kleinen Stadt schon passieren?

Hasso zum Beispiel. Hasso konnte einem passieren. Stella sah den großen, bösen Hund schon von Weitem. Ganz am Ende der Straße hing Frau Schneider wie immer ziemlich hilflos an der Leine hinter ihm. Vorne zog Hasso mit knurrigem Gesicht.

Heute hatte es Frau Schneider besonders schwer. Sie war nicht mehr die Jüngste und hatte Mühe, sich in dem rutschigen Schnee aufrecht zu halten. Mit verkniffenem Gesicht kämpfte sie sich durch die Schneemassen voran.

Stella wollte zur Sicherheit lieber umdrehen. Sie hatte Angst, an Hasso vorbeizugehen. Auch wenn er angeleint war. Doch noch bevor Stella den beiden ausweichen konnte, passierte es.

Frau Schneider rutschte aus. Und rutschte und rutschte und – oje! – knallte der Länge nach hin. Autsch!

Doch was noch schlimmer war: Frau Schneider hatte die Leine losgelassen. Und ohne zu zögern, stürmte Hasso auf Stella los.

NEIIIIIN!

Stella wusste nicht, ob sie das laut geschrien oder nur gedacht hatte, deswegen brüllte sie zur Sicherheit auch noch, so laut sie konnte: »HIIIIILFEEEEE!«

»*Wrrrrruffff!*«, ließ Hasso sein knurriges Bellen hören. »*WRUUFFF-WRUUUUUFF!*«

Stella zitterte am ganzen Körper. Sie wusste, dass er sie in weniger als fünf Sekunden anspringen würde. Und dann? Solche Angst hatte Stella noch nie in ihrem Leben gehabt. MAMAAA!

»Stehen bleiben! Nicht bewegen!«, hörte sie plötzlich eine Stimme hinter sich.

Stella blieb wie ein zitternder Weihnachtspudding stehen. Sie wagte nicht mal, ihren Kopf zu drehen. Hinter sich hörte sie Pfiffe. Und leise gerufene Worte.

Vorne wurde Hasso langsamer. Er spitzte seine Ohren. Blieb kurz stehen, als würde er überlegen, und ging dann im Schritttempo weiter. Die Leine schleifte hinter ihm her.

Stella schielte kurz nach rechts. Wer war das?

Schnell guckte sie wieder nach vorne zu Hasso. Doch der knurrige Hund schien das Interesse an ihr verloren zu haben. Viel interessanter schien er jetzt diesen Mann da zu finden, der ihn von Stella weglockte.

»Komm her, mein Großer, ja, komm her! Feiiiin!« Der Mann stand kerzengerade da. Nur seine Stimme umschmeichelte den Hund.

Hasso blieb ein paar Meter vor ihm stehen und ließ ein tiefes, grollendes Knurren hören.

Der Mann richtete sich noch gerader auf und reckte dazu seinen Kopf ein Stück höher. Stolz und stark sah der Mann plötzlich aus. Das schien der Hund zu respektieren. Trotzdem blieb die Stimme des Mannes weich und schmeichelnd. »Na, komm her! Bist ein ganz Guter, ja!«

Hasso kam tatsächlich näher. Und je näher er dem Mann kam, desto weniger knurrte er. Als er direkt vor ihm stand, hatte das Knurren ganz aufgehört.

Der Mann wartete noch einen Moment, dann streckte er ihm langsam seine Hand zum Beschnuppern hin.

Hasso biss nicht zu. Hasso bellte nicht. Hasso schnupperte sanft an der Hand des Mannes, als wäre er, der große gefährliche Hund, nur ein kleiner freundlicher Handtaschenpudel.

Sachte strich ihm der Mann über den struppigen Kopf. »Ein Feiner bist du, ein ganz, ganz Feiner!«

»VOOOORSICHT!«, kreischte in diesem Moment jemand.

Das war Frau Schneider, die sich endlich aufgerappelt hatte und nun hinkend auf Stella und Hasso und den Mann zukam. »NICHT ANFASSEN, DER BEISST!«

Stella konnte sehen, wie der Mann die Stirn runzelte. Anscheinend mochte er das Geschrei von Frau Schneider nicht. Hasso schien es auch nicht sehr zu mögen, denn nun fing er wieder an zu knurren.

Immerhin hob Frau Schneider schnell die Leine auf.

»Na, das ist ja noch mal gut gegangen«, meinte Frau Schneider und wollte schon weitergehen.

»Der Mann hat mich gerettet«, rief Stella aufgeregt.

Da musste Frau Schneider dummerweise doch stehen bleiben.

»Wer? DER hier?« Unwillig guckte sie zu Stellas Retter rüber.

Blöde Frage, dachte Stella. Standen hier noch mehr Männer rum?

Natürlich hatte Frau Schneider den Mann wiedererkannt. Genauso wie Stella. Es war Martin, der Mann, der unter dem Tannenbaum gesessen hatte. Sie hatte wohl nur keine Lust gehabt, ihn wiederzuerkennen.

»So? Hat er das?«, fragte Frau Schneider.

Das fand Stella eine noch blödere Frage. Anscheinend hatte Frau Schneider noch weniger Lust, sich auch bei dem Mann zu bedanken. Und DAS fand Stella nun wirklich am allerblödesten. Und außerdem furchtbar unhöflich.

Deswegen tat Stella es selber.

»Danke!«, sagte sie, streckte Martin ihre Hand hin und schüttelte seine. »Wenn Sie mich nicht gerettet hätten, wäre ich jetzt vielleicht tot.«

»Na, na!«, machte Frau Schneider, aber sie versuchte immerhin, sich ein Lächeln abzuringen. »Das ist doch vielleicht etwas übertrieben, meinst du nicht?«

Widerwillig bedankte sie sich nun ebenfalls bei dem

Mann, fügte aber schnell hinzu: »Sonst habe ich Hasso natürlich immer unter Kontrolle. Nur der Schnee, der ist so rutschig!«

»Logo«, murmelte Martin leise in seinen Bart. »Nur wegen des Schnees ist der arme Hund so durchgeknallt.«

Doch das hörte Frau Schneider nicht mehr. Sie hatte es eilig weiterzukommen.

Aber Stella hatte es gehört.

»Du kannst wirklich toll mit Hunden umgehen«, sagte sie.

Martin lächelte. »Ich hab früher immer Hunde gehabt, meistens vier oder fünf gleichzeitig«, erzählte er. »Ich hab sie aus dem Tierheim geholt. Da waren oft schwierige Viecher dabei.« Er lächelte immer noch. »Aber ich hab sie alle wieder hingekriegt. Fraßen mir alle aus der Hand.«

Ehrlich? Stella wollte gerne noch mehr fragen, doch ein junger Mann kam quer über die Straße auf sie zu. Grimmig guckte er zu Martin. »Gibt's Ärger? Wir haben Schreie gehört.«

»Nein, nein«, antwortete Martin und machte eine abwehrende Handbewegung. »Hier gibt's keinen Ärger. Ich bin schon weg.«

Der junge Mann fasste Stella am Ärmel. »Alles in Ordnung, Kleine? Wollte der Kerl dir was tun?«

Stella zog ihren Arm wütend weg. Wieso waren alle so unfreundlich zu Martin?

»Der Mann hier hat mir gerade das Leben gerettet«, sagte Stella vorwurfsvoll.

Sie drehte sich zu Martin. »Der hier!«

Doch neben ihr war kein Mann mehr. Martin war schon um die nächste Ecke verschwunden.

»Unfassbar!«, stöhnte Papa zum mindestens siebten Mal beim Abendbrot. »Einfach unfassbar! Was hätte dir alles passieren können! Ich muss dringend mit Frau Schneider reden. Dieser Hund ist eine Gefahr für uns alle!«

»Wie ungewöhnlich, dass dieser alte Mann so gut mit dem Hund umgehen konnte«, meinte Mama.

Doch am merkwürdigsten von allem fand Stella eigentlich, dass Martin sie gar nicht angeraunzt hatte. Nicht ein einziges Mal. Nicht mal Hasso hatte er angeraunzt.

Er hatte sogar gelächelt.

Stella lächelte ebenfalls, als sie im Bett lag und die Augen schloss. Manchmal war die Welt ganz anders, als man erwartete.

Mittwoch, der 9. Dezember

Papa sah müde aus, als Stella morgens an den Frühstückstisch kam. Er hatte die halbe Nacht gearbeitet und sich die restlichen Stunden Sorgen wegen Hasso gemacht.

»Mir gefällt das nicht, dass dieser Hund so unberechenbar ist!«, seufzte Papa über seinem Kaffee.

»Es ist ja nichts Schlimmes passiert«, versuchte Mama, ihn zu beruhigen. »Wir sollten aber zu diesem Mann hingehen und uns anständig bedanken.«

»Auf jeden Fall«, nickte Papa.

»Hast du seine Adresse?« Mama guckte Stella fragend an.

Stella schüttelte den Kopf. »Mehmet sagt, er hat kein Zuhause.«

»Wie bitte?« Irritiert hob Papa den Kopf. »Was meinst du damit? Wo wohnt er denn?«

Stella zuckte die Schultern. »Am Freitag wohnte er unter dem Tannenbaum auf dem Marktplatz, glaube ich. Und am Samstag wollte er vor der Sparkasse wohnen, aber das wollte der blöde Sparkassenmann nicht. Und wo er gestern wohnte, das weiß ich nicht. Er war plötzlich wieder weg.«

»Hm«, machte Papa.

»Ich frage Mehmet«, meinte Mama. »Vielleicht weiß der, wo wir ihn finden können.«

»Ich wusste gar nicht, dass es bei uns in der Stadt Obdachlose gibt«, sagte Papa und schüttelte traurig den Kopf. »Und das mitten im Winter! Das geht doch nicht!«

Über all der Aufregung hätte Stella fast vergessen, ein neues Türchen im Adventskalender aufzumachen. Also lief sie noch kurz zurück in die Küche, bevor sie mit ihrem Schulranzen aus dem Haus ging. Sie suchte die Nummer 9 und klappte das Türchen auf. Dahinter verbarg sich ein rotes Auto.

Stella grunzte bloß. Sowieso albern, jeden Morgen einfach nur ein Papierbild anzugucken. Und jetzt würde sie deswegen vielleicht noch zu spät zur Schule kommen.

Doch irgendwie hatte sie einfach noch mal zurückgehen müssen. Als ob der Kalender sie mit aller Macht zurückgezogen hatte. Als ob er unbedingt geöffnet werden wollte.

Aber das war ja noch alberner!

Vor dem Schultor standen viele Leute. Viele Kinder, aber auch einige Eltern, die wild debattierten.

»Geschlossen!«, rief Yasin schon von Weitem Stella entgegen.

Über Nacht war es wieder kalt geworden. Jetzt war der übrig gebliebene Schnee an vielen Stellen mit einer glasglatten Eisschicht überzogen. Perfekt zum Schliddern – hurra!

»Warum haben sie das nicht im Radio durchgesagt?«, murrte Zola. »Dann hätte ich länger schlafen können.«

»Heute Nachmittag am Rodelberg im Park!«, rief Max in die Menge, schwenkte seinen Schulranzen und lief den Weg sofort wieder zurück, den er gerade erst gekommen war. Und lag keine Sekunde später mit der Nase im Schnee.

»Hihihihi!«, kicherten Zola, Paulina, Mimi und Stella. »Wolltest du schon ein bisschen rodeln üben?«

Als Stella auf dem Rückweg nach Hause in die Straße mit Mehmets Gemüseladen einbog, traute sie ihren Augen nicht. Das konnte doch wohl nicht wahr sein! Oder doch?

In Mehmets Gemüseladen parkte ein Auto. Eigentlich war es ein hübsches Auto, knallrot. Aber natürlich gehörte ein Auto nicht IN einen Laden. Mit der Kühlerhaube voran steckte es im Ladenfenster. Die Kisten mit Gemüse, die Mehmet immer vor dem Laden aufbaute, lagen zersplittert um das Auto herum. Der Wagen musste quer durch Mehmets Auslagen hindurchgedonnert sein.

Auf der Straße neben sich sah Stella ein Bündel angebissener Möhren. Ob die bis hierher geflogen waren? Aufgeregt rannte Stella die letzten Meter.

Hinter dem Auto kamen Mehmet, ein Polizist und eine junge Frau hervor.

»Ich brauche keinen Alkoholtest zu machen«, rief die Frau gerade laut. Das musste die Fahrerin sein. »Ich sage Ihnen doch …« Sie wirkte ziemlich ungehalten. »… ich bin einem Pony ausgewichen und dann haben auf dem Eis meine Bremsen und die Lenkung blockiert und PENG!« Sie deutete auf Mehmets Laden. Oder vielmehr auf das, was davon noch übrig war.

Mehmet rollte mit den Augen. »Pony, na klar! Wissen Sie, hier läuft morgens auch gerne mal eine Horde Elefanten vorbei. Geben Sie es zu! Sie haben gestern Abend doch zu viel getrunken!«

»Immer mit der Ruhe!«, versuchte der Polizist zu beschwichtigen. »Immer mit der Ruhe! Kann es vielleicht sein, dass Sie noch etwas müde waren und …«

Weiter kam er nicht, weil die Frau ihn wütend unterbrach. »Ich war NICHT müde. Und da STAND ein Pony! Mitten auf der Straße!«

Stella schlich sich etwas näher und zupfte die Frau unauffällig am Mantel. »Welche Farbe hatte das Pony denn?«

»Braun«, antwortete die Frau leise, »hellbraun. Aber das scheint hier keinen zu interessieren.«

Doch! Zumindest Stella interessierte das brennend.

»Wissen Sie, wo es jetzt ist?«, fragte Stella mit bittendem Blick. Das Pony war bei dem Unfall doch nicht etwa verletzt worden?

»Wo WER ist?«, fragte Mehmet, der nur die letzte Frage gehört hatte.

»Das Pony«, sagte Stella ganz kribbelig vor Aufregung.

»Jetzt fang du nicht auch noch an!«, grunzte Mehmet. »Die Frau hier will sich

doch nur rausreden. Als ob in unserer Stadt Ponys frei durch die Gegend laufen!«

Doch Stella hörte ihm gar nicht mehr richtig zu. Sie musste ihr Pony suchen. Es war hier gewesen. Es war fast angefahren worden. Es konnte noch nicht weit sein!

Als Stella die Straße runterlief, wurde ihr schlagartig klar, was das Pony hier gewollt hatte. Oh, warum hatte sie das nicht schon vorher begriffen? Es war die ganze Zeit das PONY gewesen, das Mehmet beklaut hatte! Wie hatte sie nur Martin verdächtigen können!

Ponys essen bestimmt eine ganze Menge. Zum Beispiel fast eine Kistenladung Brokkoli. Oder zwanzig Äpfel. Stella erinnerte sich an die angebissenen Möhren am Straßenrand. Ja, und bestimmt auch reichlich Möhren. Der Hunger hatte das Pony immer wieder in die Stadt getrieben. Viel Gras war bei dem Schnee auf den Feldern ja nicht zu finden.

Stella dachte scharf nach, während sie auf dem Schlidder-eis über den Bürgersteig rutschte. Wo konnte das Pony nur hingetrabt sein? Es musste einen Riesenschreck bekommen haben, als das rote Auto es fast angefahren hatte.

Das rote Auto …

Stella verlangsamte ihren Schritt. Denn plötzlich fiel ihr das Kalenderbild von heute Morgen ein. Ein rotes Auto. Was für ein Zufall! Stella grinste. Was für ein völlig verrückter Zufall!

Als Erstes ging Stella rüber zum Ententeich. Alles weiß. Und leer. Nicht mal Enten watschelten durch den Schnee. Sie ging einmal ganz um den See herum. Doch außer ein paar Krähenspuren fand Stella nichts.

Einen ganzen Vormittag, einen halben Nachmittag, zwei eiskalte Füße und eine eistriefende Nase später gab Stella auf. Das Pony schien sich in Luft aufgelöst zu haben. Nicht der winzigste Hufabdruck war zu finden.

Die Sonne färbte die Dächer schon rot, als Stella im Park ankam. All ihre Klassenfreunde rodelten johlend den Hügel runter.

»Wo warst du denn, Stella?« Mimi winkte mit den Armen und lachte.

»Hatte keine Zeit«, rief Stella zurück. »Vielleicht komm ich morgen!«

Und plötzlich wurde sie traurig. Sie war müde und ihre Füße wurden mit jeder Minute kälter. Ihr Pony war weg. Und nun hatte sie auch noch einen tollen Rodelnachmittag verpasst. Martin hatte sie auch nicht gefunden und vielleicht kriegte sie nicht mal ihren eigenen Schlitten wieder. Ob Martin sich auch einfach in Luft aufgelöst hatte?

Langsam wanderte Stella durch den knirschenden Schnee auf der anderen Seite des Parks zurück nach Hause. Hinter dem Hügel versank die Sonne nach einem langen Tag. Papa würde schimpfen, weil Stella so spät kam.

Sie musste die Augen zusammenkneifen, als sie der orangeroten Sonne dabei zusah, wie sie langsam tiefer und tiefer wanderte. Schön sah das aus, oh, so schön! Doch irgendwie machte das Stella noch trauriger.

Würde sie ihr Pony je wiedersehen? Vielleicht war es doch wieder dorthin zurückgelaufen, wo es hergekommen war?

Stella presste ihre Augen fest zusammen, weil jetzt tatsächlich eine dumme Träne herausrollte. Sie war müde und kalt und hungrig und überhaupt! Nichts klappte.

Eine Sekunde später riss sie die Augen wieder auf. Da! Da oben auf dem Hügel! Ganz oben auf der Kuppe!

Direkt vor der untergehenden Sonne stand ein Pferd. Gestochen scharf hoben sich die Umrisse von dem hellen Feuerball ab. Ja, da oben stand ein Pony. Stellas Pony!

Mit hocherhobenem Kopf stand es auf dem Hügel. Als wäre es wirklich ein Wildpferd mitten in einer schneeweißen Prärie. Hinter ihm leuchteten die letzten Sonnenstrahlen.

Stolz sah das Pony aus. Seine Mähne flatterte im Wind. Kein Zaumzeug und kein Sattel engten seine Freiheit ein. Kein Gatter hinderte es, dorthin zu gehen, wo es wollte.

Stella schluckte. Ihr Herz brannte. Wie die rote Sonne.

Jetzt schaute das Pony in ihre Richtung. Es guckte Stella direkt an. Als ob es mit ihr reden wollte.

Doch als die letzten Strahlen hinter dem Hügel versanken, drehte sich das Pony um und galoppierte in die Dämmerung davon.

Es ist noch da!, murmelte Stella leise vor sich hin, als sie später tief eingekuschelt im Bett lag. Dieser Gedanke tröstete besser als die heiße Schokolade, die Mama vorhin gekochte hatte, und besser als die Lebkuchen, die Stella darin eingetunkt hatte. *Es hat mich angeguckt. Es hat mich direkt angeguckt.*

Oh, wie gut das tat!

Plötzlich war sie sich sicher, dass sie es wiederfinden würde. An einem anderen Tag. Das Pony würde warten. Auf Stella.

Und mit diesem warmen Gefühl schlief sie ein.

Donnerstag, der 10. Dezember

Das Erste, was Stella nach dem Aufwachen einfiel, war das Pony! Den Anblick, wie es hoch auf dem Hügel vor der untergehenden Sonne gestanden und zu ihr runtergeschaut hatte, würde sie nie im Leben vergessen. Stella musste ganz tief ausatmen. So schön war das gewesen!

Das Zweite, was ihr einfiel, war der Kalender. Der Ponykalender. Und das merkwürdige Gefühl von gestern. Als sie einfach noch mal zurück in die Küche gemusst hatte, um das Türchen aufzumachen. Und hinter dem Türchen hatte sie das rote Auto gefunden. Das rote Auto, das in Mehmets Laden steckte.

Das war nicht nur verrückt, das war fast unheimlich!

Stellas Herz begann zu klopfen.

Was war am Tag davor, am Dienstag, im Kalender gewesen?

Einen Moment dachte sie nach. Dann fiel es ihr wieder ein. Ein Hund. Ein Hund, der fast so aussah wie Hasso.

Dienstag … Was hatte sie an dem Tag gemacht?

Sie war bei Mama im Buchladen gewesen und war dann ihr Pony suchen gegangen. Und während sie durch die Straßen lief, hatte sie Frau Schneider getroffen und …

Ihr Herz machte einen Riesensatz. Das war jetzt wirklich verrückt. Das konnte doch gar nicht sein. Solche Zufälle gab's doch gar nicht!

Was für ein Bild war am Montag im Kalender gewesen? Sie konnte sich nicht mehr erinnern. Stella wurde ganz kribbelig. Sie sprang aus dem Bett und raste runter in die Küche. Ihre Augen flogen über die neun geöffneten Türchen. Was war am 7. Dezember, am Montag, drin gewesen?

Stella starrte das kleine Bild an. Ein beschriebenes Blatt mit einem Stift daneben.

Ja, das war das langweiligste Bild von allen gewesen. Aber – ihr Herz machte einen weiteren Satz – sie hatten in der Schule ein Diktat geschrieben. Mit einem Stift und auf einem Stück Papier, das Herr Flötenbauer ausgeteilt hatte.

Jetzt kriegte Stella vor Aufregung doch richtige Wackelknie. War das immer noch ein Zufall?

Am Sonntag war Nikolaus gewesen und für Stella hatten zwei dicke Stiefel mit Leckersachen vor der Zimmertür gestanden. Aber das war natürlich nichts Besonderes. Bestimmt war in jedem Adventskalender am Nikolaustag ein Nikolaus drin. Normal.

Am Samstag war sie mit den anderen aus ihrer Klasse im Park rodeln gegangen. Und das Adventskalenderbild von Samstag zeigte … einen Schlitten.

Stella war nicht doof. Man konnte sich ja viel einbilden, wenn man wollte. Und auch ein Schlitten war natürlich nichts Ungewöhnliches für einen Weihnachtsmonat. Im Winter liegt ja öfter mal Schnee. Dann fiel ihr Martin ein. Am Samstag hatte Stella ihm ihren Schlitten geliehen. Das war dann schon etwas besonderer.

Sie schaute die restlichen Bildchen durch und versuchte, sich an die dazugehörigen Tage zu erinnern.

Am vierten Dezember war ein Engel im Kalender gewesen. Und? War ein Engel an diesem Tag irgendwo aufgetaucht? Nein. Ha!

Ein bisschen erleichterte das Stella. Ein bisschen unheimlich hätte sie es doch gefunden, einen Kalender zu haben, der schon am Morgen mehr wusste als Stella selber.

Schnell prüfte sie die letzten Bilder. Eine Ente, ein Pinguin und eine Blume. Die hatten ja nun wirklich alle gar nichts mit dem zu tun, was an diesen Tagen passiert war. Na schön, am Donnerstag vor einer Woche hatte sie das erste Mal ihr Pony gesehen. Am Ententeich.

Aber ein Pinguin! Der war ihr nun wirklich nicht begegnet. Am zweiten Dezember hatte sie Herrn Timmermann getroffen, der sie zu einer Kutschfahrt eingeladen hatte. Vor die Kutsche war Dynamit gespannt gewesen, und der hatte, ganz ehrlich, nicht die leiseste Ähnlichkeit mit einem Pinguin. Herr Timmermann übrigens auch nicht.

Und auch die Blume vom ersten Dezember war natürlich reiner Quatsch. Okay, außer dass an diesem Tag jemand Frau Birnbaums Rosenstrauch abgeknabbert hatte. Aber diese Geschichte mit dem Bild in Zusammenhang zu bringen, das war schon etwas weit hergeholt. Äh, oder?

»Stella, so früh schon auf?« Papa stapfte unrasiert und gut gelaunt in die Küche. Er sah den Kalender in Stellas Hand und grinste. »Na, dann mach mal auf!«

Hinter der Klappe mit der Nummer 10 verbarg sich ein Bund Möhren.

Papa lachte. »Haha! Mama würde die jetzt Weihnachtsmöhren nennen und sich bestimmt eine Geschichte dazu ausdenken!«

Stella lachte mit. Ehrlich, Karotten in einem Adventskalender! Wie hatte sie bloß glauben können, dass irgendetwas Geheimnisvolles an diesem Stück Pappe dran war?

Aber ... Stella überlegte und lächelte ... frische, knackige Möhren waren eigentlich eine prima Idee! Eine prima Idee, um einem Pony auf die Spur zu kommen.

Wenn sie nun zu dem Hügel hinter dem Park ging, wo sie es gestern gesehen hatte, und ein paar Möhren ausstreute? Bestimmt würde das Pony die wittern und finden. Und Stella würde das Pony finden.

Nach der Schule lief Stella zu Mehmet und staunte. Mehmet hatte hart gearbeitet. Das rote Auto war gestern noch abgeschleppt worden und Mehmet und Alima hatten aufgeräumt, neue Regale aufgestellt und auch draußen neue Auslagen aufgebaut.

Natürlich war trotzdem noch viel zu tun. Aber am wichtigsten war jetzt, dass Mehmet weiter verkaufen konnte.

»Ich möchte bitte so viele Möhren, wie ich für zwei Euro kriegen kann«, rief Stella und hielt ein Zweieurostück in die Luft. Genau so viel hatte sie in ihrem Sparschwein gefunden.

»Donnerwetter!«, lachte Mehmet. »Soll es die nächsten zwei Wochen Karottensuppe bei euch geben?«

Es stellte sich heraus, dass man auch für einen Euro schon

eine ganze Menge Möhrrüben kriegen konnte. Mit einer riesigen Tüte kam Stella aus dem Laden.

Dann ging sie suchen, wie schon gestern. Sie suchte und suchte. Und suchte.

Die Straßen waren nass und matschig von dem schnell schmelzenden Schnee, die Luft war feucht und kalt. Doch wenn man ein Pony haben wollte, also, wenn man wirklich, *wirklich* ein Pony haben wollte, dann durfte man nicht zimperlich sein. Deshalb suchte Stella weiter.

Während sie durch die Stadt und um die Stadt herum und dann sogar wieder zurück bis zu den Ententeichen lief, dachte Stella an Angélica. Was die wohl jetzt machte? Im Ozean baden? In der Sonne spielen? Denn in Argentinien, ganz weit weg auf der anderen Seite der Welt, da war jetzt Sommer.

Ach, es war echt blöd, dass Angélica nicht da war! Stella hätte ihr so gern von ihrem Pony erzählt. Angélica war ihre beste Freundin, Angélica hätte ihr geglaubt. Und sie wäre bestimmt mitgekommen, um das Pony zu suchen.

Als es anfing, dunkel zu werden, streute Stella ihre Möhren um den Ententeich herum aus. Vielleicht wurde das Pony davon angelockt.

Bitte, liebes Pony, komm noch mal her!

Freitag, der 11. Dezember

Die Erde bebte, der Wind peitschte Stella ins Gesicht. Vor Schmerz konnte sie ihre rechte Gesichtshälfte kaum noch spüren …

Uuuuuuh! Schweißgebadet wachte Stella aus dem scheußlichen Traum auf. Sie war irgendwo auf einem Feld gewesen und hatte ihr Pony gesucht. Doch dann war ein schreckliches Unwetter gekommen. Der Sturm war so stark gewesen, dass er kleine Felsbrocken in Stellas Gesicht geschleudert hatte.

Stella fühlte an ihre rechte Backe. AU!

Vorsichtig fühlte sie mit der Zunge dorthin, wo es am meisten wehtat. Autsch!

Da war irgendetwas Dickes hinten in ihrem Mund. Gleich hinter dem letzten Zahn rechts oben.

»Mamaaaaa!« Stella schälte sich aus dem Bett und lief zu Mama und Papa rüber, die noch nicht mal richtig wach waren.

Verschlafen untersuchte Papa Stellas Zähne. »O ja, sieht so aus, als würdest du schon einen Weisheitszahn kriegen. Und der scheint mit Karacho zu kommen.«

»Mit Karacho?«, wiederholte Stella mit aufgerissenen Augen. Das klang fies und gefährlich.

Papa lächelte. »Die Haut, unter der der Zahn im Moment noch sitzt, ist rot und geschwollen. Deswegen tut es weh.«

»Ich fühl mich nicht gut«, sagte Stella kläglich.

»Das kann ich verstehen«, meinte Papa und gab ihr einen Kuss. »Ich rufe gleich beim Zahnarzt an und mache einen Termin. Du brauchst heute nicht zur Schule zu gehen.«

Na, wenigstens etwas! Stella fühlte sich gleich ein Stückchen besser. Dann hatte sie wenigstens den restlichen Tag lang Zeit für ihr Pony. Sie musste unbedingt zu den Ententeichen rüberlaufen und gucken, ob ihr Pony sich seine Möhren-Mahlzeit abgeholt hatte.

Zwei Stunden später saß Stella mit Papa im Wartezimmer beim Zahnarzt. Sie hatte nicht mal daran gedacht, ihren Adventskalender aufzumachen.

»Stella, bitte!« Die Tür zum Sprechzimmer hatte sich geöffnet und Dr. Walter, der Zahnarzt, bat Stella herein.

Stella setzte sich auf den großen Zahnarztstuhl und sah sich im Zimmer um. In einer Ecke stand eine große Plastikfigur, die Stella bestimmt bis zum Hals reichte. Das war die Zahnfee, hatte ihr Dr. Walter früher schon mal erklärt.

Stella glaubte nicht mehr an die Zahnfee. Trotzdem war es klasse, dass diese Zahnfee aus Plastik vor sich eine große Kiste mit kleinen Büchlein hatte, auf die ihr Zauberstab deutete. Nach jeder Behandlung durften sich Kinder, weil sie so tapfer gewesen waren, eines dieser Bücher aussuchen und mit nach Hause nehmen. Das war doch wirklich nett von der Zahnfee.

Während Dr. Walter ihren Mund untersuchte, überlegte Stella, was für ein Buch sie gerne hätte. Die Bücher hatten Bilder auf jeder Seite und nur wenig Text, aber es war immer eine schöne Geschichte und Stella guckte gerne Bilder an.

»So, nun bist du wieder fast in Ordnung!«, sagte Dr. Walter zufrieden und lächelte Stella an. »Ich habe dir etwas Salbe auf deinen Weisheitszahn getan, da wird die Schwellung schnell zurückgehen.« Dann wandte er sich an Papa. »Wenn es am Wochenende schlimmer wird, geben Sie ihr dreimal am Tag diese Tropfen.«

Papa bedankte sich und wollte schon rausgehen. Und die Zahnfee? Stella blieb unentschlossen stehen. Doch da kam Dr. Walter schon und hob die Bücherkiste für Stella hoch.

Er schüttelte die Bücher vorsichtig. »Und was darf die Zahnfee dir schenken?«

Stella strahlte. So gut man mit einer dicken Backe eben strahlen kann.

Es war schwer, sich zwischen einem Buch mit zwei struppigen Ponys auf dem Umschlag und einer Weihnachtsgeschichte entscheiden. Schließlich nahm Stella das Weihnachtsbuch, das einen großen Rentierschlitten zeigte, und lief fröhlich hinter Papa her.

Papa und der Zahnarzt meinten, dass Stella jetzt eigentlich doch fit genug für die restlichen Schulstunden des Vormittags sein müsste, deshalb setzte Papa Stella vor dem Schultor ab.

Das war in Ordnung. Stella wollte sowieso Yasin fragen, ob er vielleicht Lust hatte, mit ihr zusammen den Nachmittag zu verbringen. Doch die Jungs klebten in der Pause alle auf einem Haufen zusammen und taten schrecklich geheimnisvoll.

Hott

»Möchte wissen, worüber die die ganze Zeit quatschen«, sagte Zola und spähte neugierig zu dem Jungshaufen rüber.

»Die quatschen über ihr Geheimversteck«, vermutete Mimi.

»Pah«, machte Paulina. »Ich wette, es gibt gar kein Geheimversteck. Ich wette, die tun nur so, als hätten sie eins, um uns neidisch zu machen!«

Da fragte Stella Yasin lieber nicht.

Ein bisschen schlechter gelaunt kam Stella nach der Schule nach Hause. Die Backe hatte wieder angefangen zu pochen und Stella fühlte sich irgendwie müde und schlapp.

Mama fasste an ihre Stirn. »Oje, Stella-Maus, ich glaube, du hast Fieber! Dieser kleine verflixte Weisheitszahn macht aber ganz schön viele Zicken, bevor er endlich in deinem Mund landet. Abmarsch – aufs Sofa und einkuscheln in eine Decke! Ich koche dir einen schönen Tee.«

»Ich muss aber erst noch zu den Ententeichen«, widersprach Stella halbherzig. Das Sofa sah sehr verlockend aus. Vielleicht konnte sie ja am späteren Nachmittag noch mal rüberlaufen!

Doch den späteren Nachmittag kriegte Stella gar nicht richtig mit. Wenn man Fieber hat, schläft man viel. Und das tat Stella. Erst zum Abendbrot wachte sie wieder auf. Und genau da fiel ihr der Adventskalender wieder ein.

»Was ist drin?«, fragte Papa neugierig.

Stella schüttelte den Kopf. So was!

Hinter dem Türchen mit der Nummer 11 kam eine kleine rosa Fee mit einem Zauberstab zum Vorschein.

Samstag, der 12. Dezember

Am nächsten Morgen war Stella fieberfrei. Die Backe tat nur noch ganz wenig weh. Dafür konnte sie den Zahn mit ihrer Zunge jetzt schon fühlen. Über Nacht hatte er sich seinen Weg durch die Haut in Stellas Mund gesucht und gefunden.

Weil sie nicht richtig krank gewesen war, durfte Stella gerne draußen spielen, fand Mama. Also, wenn sie das wollte.

Na klar wollte Stella. Schon zwei Tage hatte sie ihr Pony nicht mehr gesehen! Sie musste unbedingt die Ententeiche überprüfen.

Mit großem Appetit schaufelte Stella Müsli mit Bananen und Äpfeln aus einer riesigen Schüssel in sich rein. Äpfel mochten Ponys ja auch gern. Sollten die Möhren beim Ententeich heute aufgefressen sein, würde sie sofort Äpfel bei Mehmet kaufen, beschloss Stella.

Dann schielte sie zu ihrem Pony-Adventskalender rüber. Irgendwie war es fast unheimlich, das nächste Türchen zu öffnen. Stella spielte mit dem Rest ihres Müslis herum.

»Los, mach das nächste Türchen auf!«, quengelte Papa.

Stella grinste. Insgeheim nahm sie sich vor, im nächsten Jahr einen eigenen Papierkalender ganz allein für Papa zu kaufen. Da würde er sich bestimmt freuen.

»Mach schon!«, wiederholte Papa, der es nicht abwarten konnte.

Stella pulte das Türchen auf und fand … eine Katze.

Puh! Erleichtert atmete sie aus.

Eine Katze hatte ja wirklich nichts mit Stellas Leben zu tun. Gar nichts.

»Och, wie süß!«, rief Mama. »Ein kleiner getigerte Kater!«

»Woher willst du wissen, dass das ein Kater ist?«, fragte Papa.

Mama lachte. »Er sieht so aus, als hätte er was ganz Verschmitztes vor.«

»Dann ist das bestimmt eine Katze und kein Kater«, grinste Papa. »Mädchen sind viel verschmitzter.«

»Was ist verschmixt?«, fragte Stella.

»Verschmitzt bedeutet so viel wie pfiffig, lustig und auch ein bisschen listig«, erklärte Mama. »So als ob der Kater hier irgendwas vorhat.«

»Hm«, machte Stella.

Ihretwegen konnte der Kater vorhaben, was er wollte, solange er sie und ihr Pony in Ruhe ließ.

»Ich geh jetzt raus!«, rief Stella eine halbe Stunde später.

Vorsorglich hatte sie den Rest ihrer zwei Euro für die Äpfel eingesteckt. Doch zuerst lief sie natürlich, so schnell sie konnte, zu den Ententeichen.

Statt von weihnachtlich weißem Schnee waren die Teiche

heute von dickem, braunem Matsch umgeben. Es quietschte und matschte richtig schön, als Stella in ihren Gummistiefeln darin herumwatete. Die Augen auf den Boden geheftet, suchte sie die Möhren, die sie ausgestreut hatte.

WRUMMS! Und rannte direkt in Yasin rein.

»Bist du blind?«, kicherte Yasin. »Oder hast du was verloren?«

Stella wollte ihm nicht von ihrem Pony erzählen. Bestimmt würde er ihr sowieso nicht glauben. Vielleicht würde er sie sogar auslachen.

»Och«, meinte Stella deshalb mal so. »Und du?«, fragte sie dann. »Was machst du hier?«

»Ich guck nur 'n bisschen«, meinte Yasin. »Hab nichts Bestimmtes vor.«

Das fand Stella komisch. Wollte Yasin Enten beobachten? Sonst war doch hier nichts los. Oder …

… war hier vielleicht irgendwo dieses komische Geheimversteck der Jungen?

Stella guckte sich prüfend um. Trieben sich hier noch andere Jungs aus ihrer Klasse rum?

»Wollen wir zurück in die Stadt gehen?«, fragte Yasin. »Wenn du willst, kannst du heute wieder bei uns essen.«

»Okay«, meinte Stella. Dann konnte sie auch gleich die Äpfel kaufen.

Während sie beide zurück zur Straße stapften, bemerkte Stella plötzlich ein paar rote Stückchen im Matsch. Als sie sie aufhob, sah sie, dass es angeknabberte Möhrenreste waren.

»Zeig mal!«, verlangte Yasin und riss ihr die Stücke aus der Hand.

Er betrachtete sie ziemlich lange. Eigentlich sogar ungewöhnlich lange. »Die sind angebissen«, stellte er dann messerscharf fest.

»Hm«, machte Stella, denn sie wollte ihm immer noch nichts von ihrem Pony verraten. »Die hat bestimmt ein Kind hier verloren und die Enten haben dran rumgepickt.«

»Sieht aber nicht aus wie Entenschnäbel«, meinte Yasin. Doch dann warf er die Karottenstücke wieder weg und fragte stattdessen: »Wollen wir im Spielzeugladen gucken, ob die neue Computerspiele haben?«

Stella fand Computer noch langweiliger als Adventskalender aus Papier. Aber immerhin dachte Yasin dann nicht weiter darüber nach, wer wohl die Karotten angebissen haben könnte.

»Okay«, meinte Stella.

Die Stadt sah richtig festlich aus. Die Schaufenster waren mit grünen Tannen geschmückt und bunte Lichter leuchteten überall an den Häuserwänden und hinter den Fensterscheiben. Sogar auf den Ästen einiger Bäume waren kleine weiße Lichterketten angebracht. Stella spürte die Weihnachtswärme und lächelte.

Auf dem Weg zum Spielzeugladen kamen sie an einer langen Mauer vorbei, hinter der ein alter Garten lag, den schon lange keiner mehr pflegte. Auch wenn die Mauer zu hoch zum Drübergucken war, wusste Stella, wie verwildert dahinter alles war, weil man durch ein Tor hineinlugen konnte. Beinahe wie ein Dschungel sah der Garten aus. Bestimmt hatte seit hundert Jahren dort keiner mehr Rasen gemäht oder Bäume beschnitten.

Als Stella klein war, hatte sie sich immer vorgestellt, dass dort geheime Prinzessinnen wohnten. Die geheimen Prinzessinnen hatten auch einen geheimen Hausdrachen gehabt, mit dem sie manchmal nachts, wenn keiner sie sehen konnte, über die Stadt flogen.

O ja, Stella konnte sich prima Geschichten ausdenken! Auch wenn sie jetzt natürlich schon ein bisschen zu alt für geheime Prinzessinnen und fliegende Drachen war. Trotzdem. In den Garten würde sie wirklich gerne mal gehen und sich umsehen.

Stella guckte neugierig durch das Tor, als sie daran vorbeikamen. Gerade schlüpfte eine Katze mitten durch ihre Beine und die Gitterstäbe hindurch in den Garten.

»Mauuu!«, machte die Katze und blieb einen Meter hinter dem Tor stehen. Dann drehte sie sich nach Yasin und Stella um. »MAUIII!«, maunzte sie erneut.

Stella lachte. »Das klingt, als ob sie uns einladen will mitzukommen.« Und plötzlich packte sie die Abenteuerlust. Mit leuchtenden Augen schaute sie Yasin an. »Wollen wir?«

»Wollen wir was?«, fragte Yasin und guckte doof.

»Na, da rüber!« Stella nickte begeistert zum Garten.

»Och«, machte Yasin. »Nö.«

»Wieso?«, fragte Stella fordernd. »Hast du Angst?«

»Quatsch«, behauptete Yasin sofort. »Ich war schon hundertmal da drin.«

»Ehrlich?« Stella wusste nicht, ob sie das glauben sollte. »Und wie ist es da?«

Yasin zuckte die Schultern. »Ist halt ein Garten. Und ein altes Haus. Sonst nix.«

Hm. Das konnte glauben, wer wollte. Stella jedenfalls glaubte es nicht.

»Los, komm schon!«, rief sie und fing an, sich an ein paar losen Steinen an der Mauer hochzuziehen. »Du traust dich ja nur nicht!«

Doch da wurde Yasin richtig böse. »Komm sofort runter!« Er zog und zerrte so doll an ihrem Mantel, dass Stella tatsächlich wieder abrutschte.

»Ey, spinnst du?« Stella konnte auch böse werden. »Wenn du Schiss hast, dann geh ich eben allein.«

Dummerweise bog in diesem Moment der alte Herr Timmermann mit Dynamit um die Ecke. In der Kutsche saß ein junges Pärchen, das sich anscheinend die Stadt angucken wollte.

»Na, Stella? Ihr macht doch nicht etwa Unsinn?«, rief Herr Timmermann von seinem Bock herunter und nickte zum Garten rüber. »Das Haus ist baufällig. Das kann jeden Moment einstürzen, das wisst ihr doch, oder? Ich hoffe, ihr seid nicht so dumm, dort reinzugehen, hm?«

Stella schüttelte den Kopf und lächelte. »Natürlich nicht!«

Herr Timmermann ließ das große Pferd anhalten, sodass Stella zu ihm hingehen konnte. Oh, wie gut Dynamit duftete! Sogar Yasin streichelte das große Kutschpferd.

»Magst du Pferde?«, fragte Stella.

Yasin nickte. »Ja. Schon. Aber ich bin noch nie geritten.«

Das war Stella auch nicht. Also, wenn man mal von gelegentlichen Reitrunden auf Jahrmärkten, als sie noch klein war, absah. Aber das würde sie vielleicht bald. Nämlich wenn sie ihr eigenes Pony hatte!

Nach dem Essen spielte Stella bei Yasin zu Hause, weil es plötzlich angefangen hatte zu regnen. Und als sie abends nach Hause ging, schenkte ihr Mehmet einen Beutel voller Äpfel.

»Bestell deiner Mutter einen schönen Gruß!«, sagte Mehmet und lächelte.

»Das mache ich«, versprach Stella und winkte.

Den Gruß richtete Stella natürlich aus. Und dass Stella von Mehmet auch Äpfel bekommen hatte, brauchte Mama ja nicht zu wissen. Die hatte sie auf dem Nachhauseweg nämlich am Ententeich für das Pony ausgestreut. Aber das brauchte Mehmet ja nicht zu wissen.

Sonntag, der 13. Dezember

Gleich nach dem Aufwachen guckte Stella aus dem Fenster. Es regnete immer noch. Wie blöd war das denn?

»Regen ist wichtig, damit alles wachsen kann«, sagte Herr Flötenbauer in der Schule immer.

Aber Stella fand, dass Regen – zumindest im Dezember – verboten werden sollte. Weil Regen ja wohl am unweihnachtlichsten von allen unweihnachtlichen Dingen überhaupt war! Und deswegen absolut nicht in einen Weihnachtsmonat gehörte.

Der Regen regnete trotzdem ungerührt weiter.

Leicht angemuffelt stapfte Stella zum Frühstück. Immerhin war heute Sonntag und Stella konnte im Schlafanzug rumhopsen, solange sie wollte. Erst als sie in die Küche schnupperte und ihr ein weihnachtlicher Duft in die Nase zog, wurde ihre Laune schlagartig besser. Hatte Mama gebacken? Das roch ja wie …

»Zimtsterne!«, rief Stella begeistert und leckte sich die Lippen.

Ofenwarme, herrlich duftende, knuspersüße, riesige Zimtsterne lagen in der großen Gebäckschüssel. Eine zweite Ladung sortierte Mama gerade vom Blech auf einen Teller, den sie in die Mitte des Tischs stellte. »Guten Morgen! Und guten Appetit!«

Der Tagesanfang war gerettet. Und er schmeckte genauso weihnachtlich, wie ein Dezembersonntagmorgen schmecken sollte. Trotz des Dauerregens vor den Fenstern.

»Kalender!«, sagte Papa und lächelte.

Stella öffnete das Türchen und fand …

»Die Katze!« Stella starrte verdutzt auf das Bild. »Das ist genau die gleiche Katze wie gestern!«

Zur Sicherheit kontrollierte sie noch einmal die Zahl auf der Tür. Nicht dass sie bloß die gleiche Tür zweimal aufgemacht hatte.

»Zeig mal her!« Auch Papa kontrollierte den Kalender. »Tatsächlich!« Er sah richtig verwirrt aus. »Glaub ich ja nicht!«

Jetzt wollte Mama auch mal sehen. »Och nee, das ist ja schade!« Sie runzelte die Stirn. »Das muss ein Produktionsfehler sein.«

Stella sagte gar nichts. Denn in ihrem Bauch machte sich wieder dieses leicht mulmige Gefühl breit. Was, wenn das *kein* Fehler war? Was, wenn der Kalender fand, dass das genau richtig war? Was, wenn der Kalender ihr etwas sagen wollte?

»Wenn morgen noch mal ein Bild doppelt drin ist, bring ich das Ding zurück«, sagte Papa enttäuscht.

Stella sagte immer noch nichts. Sie aß noch ein paar Zimtsterne und schnappte sich dann ein Buch zum Lesen.

Mama vergrub sich, wie jeden Sonntag, zusammen mit dem zweiten Kaffee in ihre Sonntagszeitung. Und Papa verschwand hinter seinem Laptop.

Alles war still und leise und schon beinahe ein bisschen weihnachtlich.

Bis Mama laut rief: »Hört mal, was hier steht! Bei diesem Ponykarussell – ihr wisst schon, bei dem wir letzten Sonntag waren –, da scheint ein Pony ausgerissen zu sein. Die haben eine Vermisstenanzeige in die Zeitung gesetzt.«

Papas Nase tauchte nur ein winziges Stück über dem Bildschirmrand auf. »Wundert mich nicht. Die Ponys dort sahen nicht besonders glücklich aus. Da wäre ich auch abgehauen.«

»Hier steht«, fährt Mama fort, »dass genau dieses Pony schon öfter ausgerissen ist.« Mama kicherte. »Sie bezeichnen es als *Ausbrecherkönig*. Nur – sonst scheint es wohl immer wieder von allein zurückgekommen zu sein. Doch dieses Mal ist es schon seit einigen Tagen verschwunden. Sie haben schon Suchmannschaften aufgestellt.«

Stella hielt die Luft an und blieb hinter ihrem Buch ganz still. Ihr Pony!

Konnte es wirklich das gleiche Pony sein? Hatte das schöne, das stolze, das freie Pony, das Stella auf dem Hügel gesehen hatte, vorher sein Leben lang endlose Runden in dem engen Zelt drehen müssen?

»Stella?« Mama drehte sich zum Sofa. »Hast du das gehört?«

»Mhmm, ja«, machte Stella so belanglos wie möglich

und hielt ihr Buch weiter vor dem Gesicht. »Ist grad so spannend«, behauptete sie.

Dabei war an Lesen nicht zu denken. In Stellas Hirn britzelten die Drähte. Ihr Pony! Ihr Pony war vielleicht ein Ponykarussell-Pony?

Wenn Papa jetzt eins und eins zusammenzählte ... So oft, wie Stella schon am Anfang des Monats von einem Pony erzählt hatte! Und nun hörte er, dass es wirklich eins gab. Eins, das irgendwo draußen frei herumlief und bestimmt nicht nur die Rosen von Frau Birnbaum anknabberte. Doch Papa zählte gar nichts zusammen.

Papa war wieder in die Tiefen des Laptops abgetaucht. Und auch Mama blätterte zur nächsten Seite und fing an, einen anderen Artikel zu lesen.

Aber Stella konnte sich auf kein Buch mehr konzentrieren. Sie zog sich an, um sich noch mal in der Stadt umzusehen. »Bin zum Mittagessen wieder da!«

»Vergiss nicht, dass wir nachmittags alle zusammen backen wollen!«, rief Mama ihr hinterher.

Natürlich würde Stella das nicht vergessen. Das war beinahe das Schönste in der ganzen Weihnachtszeit! Mama hatte Berge von bunten Streuseln gekauft und Zuckerguss und Marzipan und gemahlene Mandeln und Haselnüsse und ganze Mandeln und ganze Haselnüsse und hundert Dinge mehr. Sie würden mindestens fünfhundert Plätzchen backen und die nach dem Backen wunderschön verzieren.

Doch vorher musste Stella schnell den Futterplatz bei den Ententeichen kontrollieren.

Als sie ankam, staunte sie. Kein einziger Apfel lag mehr da! Alles ratzefaxe aufgefressen.

Doch von dem Pony gab es auch heute keine Spur. Und Hufspuren waren in all dem Regen nicht mehr auszumachen.

Stella überlegte. *Suchmannschaften!*, hatte Mama gesagt. Das hieß wahrscheinlich, dass die mit mehreren Leuten die ganze Gegend durchkämmen würden. Na ja, zumindest die Gegend um Neubergen herum. Dass das Pony bereits bis hierher gelaufen war, ahnte hoffentlich niemand.

Stella zog ihre Kapuze tiefer ins Gesicht und lief durch den Regen zurück in die Stadt. Weil es immer heftiger und heftiger schüttete, beschloss Stella, die Suche für heute aufzugeben. Aufgrund des üblen Wetters war die Stadt wie leer gefegt. Kein Pony und kaum Menschen weit und breit. Nur eine streunende Katze flitzte ihr wie aus dem Nichts durch die Beine.

»Hups!«, machte Stella. Beinahe wäre sie gestolpert.

Stella sah dem getigerten Kätzchen nach, wie es über die Straße lief, auf den gegenüberliegenden Gehsteig sprang und dann um die Ecke in eine Nebenstraße einbog. Neugierig ging Stella ein paar Schritte hinterher.

Es musste dieselbe Katze sein, die gestern schon hier gewesen war. Denn als Stella ebenfalls um die Ecke bog, konnte sie den kleinen gestreiften Tiger gerade noch durch die Stangen des eisernen Tores biegen sehen. Durch genau das Tor, hinter dem der wilde Garten und das geheimnisvolle Haus lagen.

Stella ging ein paar Meter weiter, um noch einmal in den wild wuchernden Dschungel lugen zu können. Und dort – direkt hinter dem Tor – saß die Katze, ganz genauso wie gestern, und schaute Stella an, als hätte sie nur auf sie gewartet.

13
Merry
X-mas

»Mauiiiii!« Die Augen des kleinen Tigers funkelten im dunklen Regenwetter wie grüne Weihnachtslichter.

»Mauuuu!«, miaute Stella freundlich zurück. Sie schaute sich um. Kein Mensch rechts, kein Mensch links. Da dachte Stella nicht weiter nach. Jetzt oder nie!

Sie kletterte an den aus der Mauer ragenden Steinen hoch, schwang ein Bein hinauf, zog das zweite hinterher und saß oben.

Oooooh, war das aufregend! Von hier hatte sie einen perfekten Blick auf den Garten. Durch die kahlen Winterbäume hindurch konnte sie bis zum Haus sehen.

Stella guckte noch einmal runter zu dem Platz, auf dem die Katze gesessen hatte.

Doch der kleine Weg, der vom Tor zum Haus führte, war leer. Die Katze war verschwunden.

Stella wollte gerade auf der anderen Seite runterspringen, da merkte sie, wie jemand an ihrem Mantel zog. »Komm da runter!«, rief dieser Jemand und zog noch heftiger. Auf dem Gehweg stand Yasin und schaute böse zu Stella hoch. »Du sollst da nicht reingehen!«

Hatte der sie noch alle? Stella haute mit ihrer Faust auf Yasins Hand und versuchte, ihren Mantel frei zu kriegen. »Lass das! Du hast mir gar nichts zu sagen.«

»Ich will das nicht!«, schrie Yasin gegen den hämmernden Regen an und ließ nicht los.

Stella musste wohl oder übel auf Yasins Seite zurückspringen, wenn sie nicht wollte, dass er sie rückwärts von der Mauer zog.

»Du blöder Affe!«, schimpfte sie wütend, als sie vor ihm stand. »Das geht dich gar nichts an, was ich tue.«

»Hmpf«, machte Yasin und sah ein bisschen böse und ein bisschen zerknirscht aus.

»Blöder Affe!«, rief Stella noch mal. Und dann lief sie einfach weg. Was bildete Yasin sich ein? Dass er auf Stella aufpassen musste? Frechheit!

Das Regenwasser kroch Stella durch den Regenmantel und lief ihr hinten den Rücken runter. Sie hatte genug. Sie wollte nur noch nach Hause.

»Sofort in die Badewanne!«, kommandierte Mama, als Stella tropfend ins Haus kam.

Und nachdem sie ein bisschen in der heißen Wanne geplanscht hatte, ließ die Wut auf Yasin allmählich nach. Aber spinnen tat der ja wohl schon! Was sollte das denn eben? Man könnte meinen, Yasin hätte irgendwas dort versteckt, was Stella nicht finden sollte.

Stella richtete sich auf und strich sich den Badeschaum aus dem Gesicht. Genau! Ganz genau das war es! Stella lachte plötzlich. Dass sie da nicht vorhin schon drauf gekommen war! Oh, sie konnte sich schon vorstellen, was Yasin dort versteckt hatte!

»Ich wette«, sagte sie zu ihrer Lieblingsgummiente und ließ sie richtig schön laut quietschen, »ich wette, ich hätte eben beinahe das Geheimversteck der Jungen entdeckt! Ha!«

Gleich morgen würde sie noch mal auf die Mauer klettern. Nur würde sie dieses Mal besser aufpassen, dass keiner sie dabei erwischte.

Montag, der 14. Dezember

»Meint ihr, die haben das Pony vom Weihnachtsmarkt schon wiedergefunden?«, fragte Stella beim Frühstück möglichst harmlos.

Mama schaute auf und lächelte. »Machst du dir Sorgen, dass sie das Pony nicht finden? Wir leben hier ja nicht im Wilden Westen, wo es Hunderte Kilometer weit kein Haus und keinen Ort gibt. Das Pony wird nicht lange herumirren. Das wird schnell wieder zu seinen Besitzern zurückgebracht werden. Glaub mir, bei uns in der Gegend kann kein Pony lange unentdeckt rumlaufen.«

Ja, das befürchtete Stella leider auch. Und nein, natürlich machte sich Stella keine Sorgen, dass das Pony zu lange herumirren könnte. Sie machte sich Sorgen, dass es gefunden werden könnte! Denn wenn das Ausbrecherpony wirklich das Pony war, das Stella gesehen hatte, dann durfte es auf keinen Fall zu dem schrecklichen Ponykarussell zurück!

»Die werden es bestimmt schnell finden!«, meinte auch Papa.

Das musste Stella unbedingt verhindern! Da mussten auch der wilde Garten und das Geheimversteck der Jungen noch ein bisschen warten. Das Pony war wichtiger.

»Wollen wir heute Nachmittag noch mal nach Neubergen fahren?«, fragte Stella noch ein Stück harmloser.

»Ich arbeite«, antwortete Papa.

»Biiiiiitte!«, bettelte Stella und schaute nun flehend zu Mama rüber.

»Aber ich arbeite auch«, sagte Mama, »das weißt du doch!«

»Kannst du nicht heute Nachmittag freinehmen?«, bat Stella.

»Um mit dir auf den Weihnachtsmarkt zu fahren?« Mama lachte. »Das wäre schön, aber nein, das geht leider nicht.«

»Mach lieber das Türchen für heute auf!«, schlug Papa vor.

Stella merkte, dass Papa sie ablenken wollte. Blöd war das – echt blöd! Es war doch total wichtig, dass Stella wusste, ob sie ihr Pony überhaupt noch irgendwo da draußen war oder schon wieder beim Ponykarussell.

Bevor Stella ihre Tasche für die Schule packte, öffnete sie den Adventskalender. Mit ein bisschen Sorge suchte Stella die Klappe mit der Nummer 14 und öffnete sie.

Tssss! Ein Fahrrad – na super! Ohne einen zweiten Blick darauf zu verschwenden, lehnte Stella den Kalender zurück an die Wand.

»Immerhin nicht eine dritte Katze!«, versuchte Papa, die Stimmung aufzuheitern.

»Mmrmmpf«, maunzte Stella.

Auf dem Weg zur Schule ging Stella extra bei Mehmets Geschäft vorbei. »Guten Morgen! Hat dir heute wieder jemand Gemüse geklaut?«

Mehmet lachte. »Nein, drück mir die Daumen! Und nicht ein einziges Auto ist mir in den Blumenkohl gekracht. Da kann man schon froh sein.«

Stella versuchte, auch ein bisschen zu lachen. Dabei hatte sie natürlich gehofft, Mehmet wären genau an diesem Morgen mindestens fünfzig Möhren oder wenigstens ein Dutzend fette Steckrüben abhandengekommen. Wie schön wäre das gewesen! Dann hätte Stella nämlich gewusst, dass ihr Pony immer noch frei herumlief. Und fröhlich Mehmets Äpfel fraß. Und darauf wartete, dass Stella es endlich fand.

»Der Tag fängt richtig gut an«, meinte Mehmet gut gelaunt.

»Toll«, sagte Stella und ging enttäuscht weiter. Für Stella fing der Tag bis jetzt noch nicht so richtig gut an. Auch der Adventskalender hatte sich wieder als Enttäuschung herausgestellt. *Ein Fahrrad!*

Genervt kickte sie ein paar Steine in die Pfützen auf der Straße. Wenn Stella nur irgendwie nach Neubergen kommen könnte! Der Regen hatte aufgehört, doch die Straßen schimmerten noch von der Nässe der letzten Tage.

Fahrrad?

Stella blieb stehen. Hm. Also eigentlich war das gar keine so schlechte Idee. Wenn man hinten über die Felder fuhr und nicht auf der Hauptstraße, waren es nicht mal vier Kilometer bis nach Neubergen. Das konnte Stella locker schaffen!

»Ich fahr heute Nachmittag mit dem Rad zum Weihnachtsmarkt nach Neubergen«, erzählte Stella in der Schulpause. »Hat jemand Lust mitzukommen?«

Doch es war wie immer. Mimi hatte Cello-Unterricht. Paulina und Rosi mussten zum englischen Singen, weil ihre Eltern wollten, dass sie ganz schnell Englisch lernten. Zola wollte zum Kung-Fu. Und Thea und Laurelia hatten montags immer Ballett. Oh, wie sehr wünschte Stella, dass Angélica hier wäre!

»ICH komm mit«, sagte Yasin.

»Echt?« Stella vergaß ganz, dass sie wütend auf Yasin war. »Super! Um zwei bei mir?«

Pünktlich um zwei stand Yasin mit seinem dicken Mountainbike vor Stellas Tür. Und keine halbe Stunde später stiegen sie in Neubergen von den Rädern.

Das Ponykarussell stand noch dort, wo es am Sonntag vor einer Woche gestanden hatte, auch wenn nicht ganz so viele Kinder da waren wie am Wochenende.

»Denen ist ein Pony weggelaufen«, erzählte Stella ganz beiläufig.

»Hab ich gehört«, nickte Yasin und schaute sich interessiert die winzigen Gehege hinter den Wohnwagen an.

»Echt?« Stella war überrascht.

Als Yasin versuchte, ein paar Ponys in dem Gehege zu streicheln, kam ein Mann aus einem der Wohnwagen. »Hey, lass die Tiere in Ruhe! Geh zurück zur Manege!«

»Wir sind gar nicht zum Reiten hergekommen«, sagte Yasin. »Wir haben gehört, Ihnen ist ein Pony weggelaufen.«

»Stimmt«, sagte der Mann und sah dabei nicht besonders freundlich aus. »Aber das störrische Vieh haben wir bald wieder.«

»Es ist also noch nicht zurück?«, fragte Yasin.

»Nein«, antwortete der Mann. Dann wurde er misstrauisch. »Warum fragst du?«

»Weil ich eins gesehen habe«, behauptete Yasin.

Stella hatte bis jetzt ruhig zugehört, doch nun fing ihr Herz an zu klopfen. Yasin hatte das Pony auch gesehen? Eilig kam sie näher.

Der Mann sah nun deutlich interessierter aus. »Ehrlich? Wo denn?«

Yasin lächelte. »Ich hab es ein paarmal gesehen …«

Stella hielt die Luft an. NEIN! Yasin durfte doch das Pony nicht verraten!!!

Ob sie Yasin einfach den Mund zuhalten sollte? Ob sie genug Kraft hatte, ihn von hier wegzuziehen? Ob es ihn abhalten würde, wenn sie ihm einen Stock auf den Hintern haute?

»Das erste Mal hab ich es gesehen«, erzählte Yasin seelenruhig, »als ich mit meinen Eltern letzte Woche bei meiner Tante in Neubergen war … und danach hab ich es in den Wiesen neben dem Fluss grasen sehen, als ich mit meinem Vater auf der Autobahn nach Kupferstadt gefahren bin.«

»Du hast es kurz vor Kupferstadt gesehen?«, fragte der Mann ungläubig. »Das ist ziemlich weit von hier. So weit läuft der Racker sonst eigentlich nicht. Das war bestimmt ein anderes Pony.«

»Braun?«, fragte Yasin. »Mit einem dicken, weißen Klecks vorne auf dem Kopf, zwischen den Augen – weiß nicht, wie man das nennt.«

»Stern«, sagte der Mann und riss die Augen auf.

»Und die Mähne war ein bisschen dunkler«, beendete Yasin seinen Bericht.

»Das ist er!« Der Mann wurde plötzlich ganz aufgeregt. Er drehte sich zum Wohnwagen um. »Marvin! MAAARVIN!«

Als ein zweiter Mann aus dem Wagen kam, musste Yasin seine Geschichte noch einmal erzählen. Er erzählte sie noch schöner. Und beschrieb das Pony noch eindeutiger. Ganz still hörte Stella zu. Still vor Entsetzen.

»Los!«, sagte der Mann, der Marvin hieß. »Lass uns sofort rüberfahren nach Kupferstadt. Wir haben die ganze Zeit in der falschen Gegend gesucht. Morgen reisen wir weiter. Heute ist unsere letzte Chance, das Viech zu erwischen.«

Yasin zupfte Stella unauffällig am Ärmel. »Wollen wir

auch wieder los? Oder wolltest du auf dem Weihnachtsmarkt noch was kaufen?«

Stella schüttelte den Kopf.

Als sie an dem Reitzelt vorbeikamen, sah sie, wie eines der Kinder wild an dem Zügel seines Ponys zerrte. Der Zügel endete an einem Mundstück mitten im Maul des Ponys. Stella konnte deutlich sehen, wie die Lippen des Ponys durch das Zerren am Zügel hin und her gerissen wurden. Das musste doch scheußlich wehtun!

Das Pony schloss die Augen, ließ den Kopf hängen und trottete ergeben weiter.

Stellas Bauch krampfte sich zusammen. Auf Weihnachtsmarkt und Lebkuchen hatte sie heute gar keine Lust mehr.

Auf Yasin eigentlich auch nicht. Wie hatte er das Pony bloß verraten können!

Auf dem Weg zurück war Stella verwirrt. Sie hatte keine Ahnung gehabt, dass Yasin das Pony ebenfalls gesehen hatte. Aber so weit weg? Fast in Kupferstadt? Das war über eine Stunde mit dem Auto entfernt. Und das auch nur, wenn man unheimlich schnell auf der Autobahn fuhr. Am Mittwochabend hatte Stella das Pony doch noch auf dem Hügel gesehen!

»Ich wusste gar nicht, dass du eine Tante in Neubergen hast«, rief Stella zu Yasin rüber, als sie mit ihren Fahrrädern in Schlangenlinien über einen Feldweg fuhren, um den Pfützen auszuweichen.

»Hab ich auch nicht«, grinste Yasin fröhlich.

»Hä?«, machte Stella. »Du hast doch gerade diesen Typen erzählt …«

»Hab mich geirrt«, kicherte Yasin.

Stella stoppte ihr Rad. »Du hast dich geirrt?«

Yasin nickte und sah dabei fast stolz aus. »Ja, und wenn ich jetzt drüber nachdenke, könnte es sogar sein, dass ich mich leider bei noch mehr Sachen geirrt habe.«

Er strahlte über beide Backen. »So was Ärgerliches! Ich fürchte, ich hab den Mann sogar in eine ganz falsche Stadt geschickt. Wenn ich jetzt in Ruhe darüber nachdenke ...« Yasin grinste wie ein Honigkuchenpferd. »... dann hab ich das Pony gar nicht an der Autobahn nach Kupferstadt gesehen. Ich hab es auf den Hügeln hinter den Ententeichen bei uns in der Stadt gesehen.« Yasin versuchte, ein betroffenes Gesicht aufzusetzen. »Mann, Mann! Jetzt hab ich aber voll das schlechte Gewissen. Die suchen ja jetzt in der völlig falschen Richtung!«

Ein paar Sekunden lang starrte Stella Yasin komplett verwirrt an. Dann klickte es. Sie strahlte. »Mann, Yasin!« Sie ließ ihr Rad fallen, lief zu Yasin rüber und drückte ihn. »Du bist soooo gut!«

Yasin lachte zufrieden. »Ja, hihihi, das war ziemlich cool von mir, was?«

Am Abend war Stella von der weiten Fahrt so müde, dass sie freiwillig fast eine Stunde früher ins Bett ging als sonst. Mit geschlossenen Augen dachte sie über den Tag nach. Über einen Tag mit einer großen Überraschung. Sie hatte jetzt ein Geheimnis mit Yasin. Ein geheimes Ponygeheimnis!

Dienstag, der 15. Dezember

Stella hielt den Adventskalender in der Hand und starrte das Bild an, das sich hinter dem Türchen mit der Nummer 15 verborgen hatte.

Papa schüttelte nur den Kopf. Und Mama meinte: »Also dafür, dass auf dem Kalender vorne so hübsche Ponys drauf sind, gibt es ziemlich viele Katzenbilder.«

Stella dachte scharf nach. Noch mal eine Katze. Dieses Mal war es zwar nicht dasselbe Bild, aber doch die gleiche Katze. Nur guckte sie einen direkt aus dem Kalender an, statt sich, wie auf dem anderen Bild, bloß die Pfote zu lecken.

Die Botschaft war klar. Stella musste hinter der Katze her in den verwilderten Garten!

Auf dem Weg zur Schule holte Stella Yasin ab, der schon vor dem Gemüsegeschäft seiner Eltern wartete.

»Gute Neuigkeiten«, wisperte Yasin, sobald sie ein paar Schritte vom Laden entfernt waren. »Mein Vater hat schlechte Laune.« Erwartungsvoll schaute er Stella an.

Doch Stella begriff nicht so schnell. »Wieso?«

»Na, was meinst du, warum er schlechte Laune hat?«, fragte Yasin.

Stella riss die Augen auf. »Weil ihm Äpfel geklaut wurden?«, fragte sie hoffnungsvoll.

Yasin grinste. »Nee, aber eine halbe Kiste mit Karotten. Was sagst du?«

Was Stella sagte?

»Hurraaaaa!«, rief Stella und hüpfte vor Freude vom Kantstein runter und wieder rauf und wieder runter. Denn das bedeutete ja … dass das Pony sich sein Frühstück geholt hatte. Es musste noch irgendwo hier herumtraben.

Dann bekam Stella einen Schreck. »Hast du ihm etwa erzählt, wer die Karotten gegessen hat?«

»Bin ich doof?« Yasin sah sie entrüstet an. »Mein Vater würde sofort die Polizei anrufen und denen sagen, dass das vermisste Pony bei uns in der Stadt ist. Und dann?«

»Dann müsste es zurück in das Ponygefängnis«, antwortete Stella mit trüber Stimme. »Wo es jeden Tag im Kreis gehen muss und blöde Kinder an seinem Maul zerren.«

»Genau!«, bestätigte Yasin. »Mein Vater ist zu ehrlich. Der kapiert nicht, dass man manchmal auch lügen muss, um jemanden zu retten.«

Als die beiden an der Mauer des wilden Gartens vorbeigingen, schaute sich Stella unauffällig nach der Katze um. Doch nicht die kleinste Schwanzspitze war zu sehen. Trotzdem. Stella hatte das komische, aber sichere Gefühl, wenn sie nicht endlich diesen Garten erkundete, würde sie noch weitere Katzen in ihrem Kalender finden.

Zweimal war sie davon abgehalten worden. Das dritte Mal durfte das nicht passieren. Und sie musste allein in den Garten gehen. Warum auch immer Yasin nicht wollte, dass sie über die Mauer kletterte – es war ihr egal. Hier ging es nicht um Yasin. Hier ging es um sie. Und okay, auch ein bisschen um den Adventskalender, denn der schien einfach nicht lockerzulassen.

Auf dem Rückweg von der Schule schlenderte Stella wieder neben Yasin her. Weil er ja eh den gleichen Weg hatte. Und weil Stella und Yasin natürlich noch was vorhatten.

»Wann treffen wir uns zum …?« Yasin guckte sich vorsichtig um, ob jemand zuhörte. »Du weißt schon.«

»Ich kann erst um drei, okay?«, antwortete Stella. »Ich muss vorher noch … was erledigen.«

Um sicherzugehen, dass Yasin ihr dieses Mal nicht in die Quere kam, begleitete sie ihn bis zu seinem Laden, wartete hinter der nächsten Ecke einen Moment und lief dann schnell wieder zurück zu dem wilden Garten.

Ein bisschen außer Atem kam sie bei dem eisernen Tor an und schaute hindurch. Keine Katze weit und breit.

Stella wurde unsicher. Vielleicht meinte der Kalender doch etwas anderes und nicht das alte Grundstück hier? Da hörte sie das vertraute *»Mauiiiii!«*.

Sie drehte sich um. Von der anderen Straßenseite her lief das kleine getigerte Kätzchen direkt auf sie zu, zwischen ihren Beinen hindurch und schnurstracks durch die Eisenstangen. Auf der Einfahrt zu dem alten Haus blieb es stehen und schaute sich nach Stella um, als wollte es sagen: *Was ist – kommst du jetzt endlich?*

Das war das Zeichen! Stella wusste es. Und sie zögerte keine Sekunde.

Ruckzuck war sie an den hervorstehenden Steinen der Mauer hochgeklettert, zog sich nach oben und … sprang auf der anderen Seite in den großen, wilden Garten.

Sie war drin!

Mittwoch, der 16. Dezember

Als Stella morgens die Augen aufschlug, war sie mit einem Schlag hellwach. Ponypiksig wach! Sofort dachte sie an gestern. An den wilden Garten und an das, was sie dort gefunden hatte …

Mit einem aufregenden Gefühl im Bauch hatte sich Stella einen Weg durch die überwucherte Auffahrt zum Haus hin gebahnt. Die Katze war ein kurzes Stück lang neben ihr hergelaufen, dann aber mit ein paar Sprüngen unter dichten Büschen verschwunden.

Die Sonne war durch die Wolken gekrochen und ließ sogar einen trüben Dezembergarten zauberhaft glitzern. Schon nach kurzer Zeit hatte Stella – abgeschottet von den hohen Mauern – keine Autos mehr hören können. Die Stadt mit ihren Geräuschen schien weit weg in einem anderen Land zu liegen.

Vorsichtig hatte Stella Ast um Ast beiseitegeschoben, um voranzukommen. Bis sie endlich vor dem Haus mit den hübschen Prinzessinnentürmchen gestanden hatte. Herr Timmermann hatte recht gehabt. Es sah mehr als baufällig aus. Vor der halb eingefallenen Eingangstür lagen etliche Ziegel, die wohl bei dem einen oder anderen Sturm vom Dach gefallen waren.

Langsam war Stella fast ganz um das Haus herumgegangen, als sie auf der Rückseite eine offen stehende Tür fand. Das musste früher die Küchentür gewesen sein. Stella hatte neugierig ihren Kopf hineingesteckt, doch genau in dem Moment hatte sie ein knarrendes Geräusch gehört. So als ob oben im ersten Stock jemand über die Holzdielen ging.

Uuuuh! Da war Stella aber schnell weggerannt. Über die kleine Wiese vor der Küche, die früher bestimmt mal ein schicker Rasen gewesen war, und rein in die dichten Büsche dahinter. Von Räubern wollte sie hier bitte wirklich nicht entdeckt werden!

Als sie jetzt morgens in ihrem Bett daran dachte, tastete Stella über ihr Gesicht. O ja, die Kratzer waren auch heute noch fett zu spüren!

Mama und Papa hatte Stella später erzählt, sie wäre beim Spielen auf dem Schulhof ausgerutscht und in die Hecke gefallen.

»Ach je, du Arme!«, hatte Mama gesagt.

Und »O-la-la, das sind aber viele Kratzer!«, hatte Papa festgestellt.

Doch gestern im Garten hatte Stella die Kratzer kaum bemerkt. So doll hatte ihr Herz geklopft, dass das alle anderen Empfindungen überdeckt hatte.

In sicherem Abstand hatte sie sich in einem der Büsche versteckt und von dort das Haus beobachtet. Dort oben, im ersten Stock – sie war sich nicht ganz sicher gewesen –, hatte sich da nicht auch eine alte Gardine bewegt? Obwohl es ganz windstill gewesen war und die Scheibe vor der Gardine auch gar nicht kaputt?

Als sie dann noch gehört hatte, wie in der Küche irgendetwas laut auf den Steinboden schepperte, fand Stella, dass das genug Abenteuer für einen Tag gewesen waren.

Rückwärts war Stella, so schnell sie konnte, aus dem Busch gerobbt und in großem Bogen um das Haus herum durch eine Tannengruppe zurück Richtung Mauer gelaufen. Ganz bis zur Mauer war sie allerdings nicht gekommen. Denn plötzlich hatte sie zwischen zwei Tannen einen dicken Haufen Möhren liegen sehen.

Stella war ganz automatisch stehen geblieben. Möhren? Mitten in dem alten Garten, in den man eigentlich gar nicht klettern durfte und dessen Tor fest abgeschlossen war?

Da hatte Stellas Herz schon wieder angefangen zu klopfen. Nur dieses Mal hatte es im Takt geklopft mit kleinen Schmetterlingen im Bauch. Möhren? Auf der Erde?

Stella hatte sich umgeguckt. War hier ein Pony? War *ihr* Pony – hier?

Doch natürlich war es nicht dort gewesen. Wie hätte es auch über die Mauer springen sollen?

Als Stella allerdings – trotz leicht zittrigen Knien – das kleine Tannenwäldchen genauer untersucht hatte, hatte sie in einer Ecke einen alten Schuppen gefunden. Einen Schuppen, der an einer Seite offen war. Wie ein Unterstand für Holz oder so. Nur dass dort kein Holz mehr lag. Stattdessen war der Boden mit Papier bedeckt gewesen. Mit einer dicken Schicht aus altem Zeitungspapier.

Das hatte Papa im Schuppen zu Hause auch gemacht. Da-

mit der Boden nicht fror und Papa einige seiner Pflanzen dort überwintern lassen konnte. Die Zeitungen waren wie ein dichter Teppich, der wärmte. In dem Schuppen des wilden Gartens standen aber keine Pflanzen. Der gesamte Unterstand war leer gewesen.

Die Gedanken in Stellas Kopf hatten wilder gerasselt als die Blumentöpfe in Frau Schneiders Garten, wenn der wilde Hasso dort durchfegte. Tausend Fragen wirbelten in ihr herum. Wofür lagen die Zeitungen auf dem Boden? Wer hatte die Möhren zwischen die Tannen gestreut? Doch dann hatte sie hinter sich knackende Äste gehört. Schritte, die in ihre Richtung kamen …

Stella war gerannt. So schnell sie konnte. Hin zur Mauer! Raufklettern! Und von oben auf der anderen Seite runterspringen!

Den ganzen Weg nach Hause war Stella gelaufen. So hastig, dass sie an einem blöden Kantstein gestolpert und hingeknallt war und sich – AUTSCH! – den Knöchel verknackst hatte.

Als sie zu Hause angehumpelt gekommen war, hatte Mama Eisbeutel auf Stellas Knöchel gelegt und sie aufs Sofa verbannt.

Vorsichtig versuchte Stella jetzt, vom Bett aufzustehen. Der dumme Knöchel würde doch nicht immer noch wehtun?

Na ja, es ging.

Als Stella zum Frühstück humpelte, sagte Mama, dass sie nicht in die Schule gehen brauche, wenn sie nicht wolle. Doch Stella wollte natürlich! Denn nach der Schule wollte sie ja noch mehr. Nämlich endlich das Pony suchen!

Während Stella ihr Müsli mümmelte, klappte sie das Kalendertürchen mit der Nummer 16 auf. Würde ihr der Adventskalender heute wieder etwas sagen wollen?

»Ein Sofa«, lachte Papa. »Mit einem Buch drauf! Na, das passt ja!«

»Sieht so aus, als denke der Kalender, dass du doch einen Tag Pause machen solltest«, lachte auch Mama und fand das sehr komisch.

Stella legte ihre Stirn in Falten. Nö, dazu hatte sie wirklich keine Lust!

Vielleicht war das Zur-Schule-Gehen allerdings doch nicht die allerbeste Idee gewesen. Denn als Stella endlich in der Klasse saß, pochte ihr Knöchel heftig und sah aus wie ein Blumenkohl. Dick und geschwollen.

Trotzdem blieb Stella tapfer den ganzen Vormittag. Sie wollte unbedingt Yasin erzählen, was sie gestern entdeckt hatte. Doch Yasin und die anderen Jungen hingen in allen Pausen wieder nur bei den Turngeräten herum und kicherten und flüsterten.

»Uns interessiert euer doofes Geheimversteck überhaupt nicht!«, rief Zola zu den Jungs rüber. Doch Stella konnte sehen, wie Zola dabei neugierig ihre Ohren spitzte.

Erst nach der letzten Stunde erwischte Stella Yasin. »Ich muss dir was erzählen!«

»Ich muss ganz schnell los!«, unterbrach sie Yasin fast entschuldigend. »Ich – ähm – ich muss meinem Vater helfen.«

So was! Stella blieb mit ihrem Humpelknöchel enttäuscht zurück. Und vermisste Angélica. Wetten, dass Yasin gar nicht seinem Vater helfen musste? Wetten, dass er sich nur mit den anderen Jungs in dem komischen Versteck treffen wollte? Blöd!

Muffelig humpelte Stella nach Hause. Sie dachte an den Adventskalender. Und wurde noch muffeliger. Hätte da nicht was anderes drin sein können? Doch so doll, wie ihr Fuß inzwischen wehtat, blieb ihr tatsächlich nichts anderes übrig, als den restlichen Tag auf dem Sofa zu verbringen. Wenigstens hatte Mama heute frei. Da könnten sie zusammen Kekse essen. Und vielleicht würde Stella Mama was vorlesen.

Nur ihr Pony …! Stella seufzte tief. Hoffentlich lief ihr Pony nicht weg.

Morgen würde sie es suchen gehen. Und zwar so lange, bis sie es gefunden hatte. Humpelfuß hin oder her!

Donnerstag, der 17. Dezember

Stella schaute auf ihren Wecker auf dem Nachttisch. Fünf Uhr! So früh war sie noch nie aufgewacht!

Sie zog die Bettdecke weg und schaute ihren Knöchel an. Prima sah der aus – genau wie ein Knöchel aussehen sollte! Kein bisschen blumenkohlartig mehr.

Vorsichtig stand sie auf. Und funktionieren tat er auch. Juchhu!

Stella schaute aus dem Fenster. Pechschwarze Nacht draußen. Nur ganz hinten am Himmel hing schon ein heller Streifen. Genau dort, wo bald die Sonne aufgehen würde.

Was sollte Stella machen, bis Mama und Papa auch endlich aufstanden? Gelesen und geschlafen hatte sie gestern schon reichlich, um ihren Knöchel heilen zu lassen. Heute war sie kribbelig. So kribbelig, wie man war, wenn man gar nicht mehr abwarten konnte, bis man endlich …

Stella musste ihr Pony suchen! Sie wollte nicht bis zum Nachmittag warten. Vielleicht hatte Yasin wieder keine Zeit. Oder keine Lust. Oder überhaupt. Schnell zog sie sich an.

Und bevor sie es sich noch anders überlegen konnte, schlich sie nach unten und suchte Mantel, Mütze, Handschuhe und für alle Fälle eine Taschenlampe.

Ganz leise öffnete sie die Haustür – nicht dass Mama und Papa aufwachten! Die hielten es wahrscheinlich für keine gute Idee, dass Stella im Dunkeln allein das Haus verließ.

Doch gerade als sie die Tür hinter sich ins Schloss ziehen wollte, kriegte sie wieder dieses Gefühl … Als ob etwas sie ins Haus zurückzöge. Als ob sie etwas Wichtiges vergessen hätte. Als ob sie nicht gehen könnte, bevor sie nicht …

Der Adventskalender!

Stella huschte in die Küche. Mit gemischten Gefühlen öffnete sie das Türchen Nummer 17.

Bitte kein Sofa jetzt! Da hatte sie gestern schon genug Zeit verbracht. Oder noch schlimmer: ein Bett. Oder kam noch mal ein Kätzchen zum Vorschein? Versuchte der Kalender, sie wieder in das wilde Grundstück zu schicken?

Stellas Herz machte einen Riesensprung. Das Bild zeigte *ein Pony*!

Mit hocherhobenem Kopf und wehender Mähne blickte das Pony Stella aus dem Kalender entgegen. Wenn das kein Zeichen war! Oh, wenn das kein absolut *ponyperfektes* Zeichen war!

Entschlossen und mit einem Lächeln auf den Lippen schlich Stella aus dem Haus. Auf direktem Weg marschierte sie zu den Ententeichen. Dorthin, wo sie das Pony zuletzt gesehen hatte. Vor über einer Woche.

Sie hatte ein gutes Gefühl. Bloß als sie an dem ersten Haus (oder auch dem letzten – wie man will) der Reihenhausreihe vorbeikam, bellte Hasso so laut und gefährlich, dass Stella automatisch schneller lief. Hilfe! Stella würde sterben vor Angst, wenn Hasso eines Tages plötzlich ohne Herrn oder Frau Schneider vor ihr stände. Wie konnte ein Hund nur so böse sein?

Stella war noch nicht ganz bei den Teichen angekommen, als sie plötzlich neben sich ein Schnauben hörte. Sie schaute nach links. Dort stand – vielleicht fünf Meter entfernt von ihr – ein Pony zwischen zwei Bäumen und beobachtete sie.

Ooooooh! Tausend klitzekleine kribbelige Glücksraketen schienen alle auf einmal in Stellas Bauch zu explodieren. Gleichzeitig breitete sich in ihrem Körper ein warmes, wohliges Gefühl aus. Dort stand *ihr* Pony!

Aus großen dunklen Augen schaute es Stella ruhig an. Und schnaubte ein zweites Mal.

Ganz langsam ging Stella näher.

Sie hatte noch nie ganz allein vor einem Pony gestanden. Jedenfalls nicht vor einem Pony, das nicht angebunden war und von keinem geführt wurde oder hinter einem Zaun stand wie die Pferde von Herrn Timmermann. Dieses Pony hier war frei. Frei wie der Morgenwind, der seine Mähne zerzauste und wild fliegen ließ.

Stella musste ganz tief seufzen, so schön sah das Pony aus.

»Wiiiieehiiiiieeehaaa!«, machte das Pony, als Stella nur noch eine Handbreit von ihm entfernt war.

Fast so, als wollte es genau das bestätigen. *Wiiihiiieehaaa – guck, wie frei ich bin!*

Das Pony schüttelte seine Mähne im Wind und stampfte mit dem linken Vorderfuß auf. Doch plötzlich – ohne Vorwarnung – galoppierte es davon. Atemlos beobachtete Stella, wie es im Dämmerlicht des Morgens den Hügel hinauffegte.

Stellas Herz klopfte. Beinahe hätte sie das Pony berühren können! Wäre es nur eine Sekunde später losgaloppiert, hätte Stella gewusst, wie sich sein hellbraunes Fell anfühlte. Vielleicht hätte sie sogar den kleinen, weißen Stern zwischen den Augen streicheln können.

Ob es jeden Morgen hier war? Ob es morgens die Karotten gefressen hatte, die Stella ihm hingestreut hatte?

Stella nahm sich vor, auch morgen so früh aufzustehen. Und heute in jedem Fall bei Mehmet Äpfel oder Möhren zu kaufen.

»Wo warst DU denn?«, fragte Papa verdutzt und guckte wie ein verschlafener Maulwurf hinter seinem Kaffee hoch, als Stella zur Tür reinkam. »Ich dachte, du liegst noch im Bett!«

»Bin nur so mal ’n bisschen auf die Straße gegangen«, meinte Stella. Was ja nicht wirklich gelogen war.

»Kalender?«, fragte Papa und klang schon etwas wacher.

»Hab ich schon«, sagte Stella und lächelte. Doch warum sie lächelte, verriet sie nicht.

»Oh, ein Pony!«, staunte Mama, als sie ebenfalls zum Tisch kam. »Endlich! Im Geschäft haben sie uns den Kalender als Ponykalender verkauft. Dass auf den Bildern fast nur Katzen, Sofas oder Pinguine sind, konnten wir wirklich nicht ahnen.« Mama lachte.

Stella lächelte ebenfalls. Vor zehn Tagen noch hätte sie den Kalender am liebsten auf den Mond geschossen. Doch jetzt …

»Ich finde den Kalender toll«, sagte sie.

»Ehrlich?«, fragten Mama und Papa und sahen selbst aus wie verdatterte Pinguine.

Da lachte Stella. »Ja!« Doch warum, das verriet sie nicht. Da mussten Mama und Papa schon selbst drauf kommen.

Beim Abräumen des Frühstückstischs erzählte Mama, dass sie erst Mehmet und später auch noch andere Leute

nach diesem Mann gefragt hatte, der Martin hieß. »Wir wollten uns doch bedanken.«

Doch keiner hatte gewusst, wo er war.

»Der kommt und geht«, hatte Mehmet nur gesagt.

»Mehr können wir nicht tun«, meinte Papa und zuckte mit den Schultern. »Wenn du ihn noch mal siehst, Stella, sag ihm bitte, dass wir ihn gerne sprechen würden.«

»Mach ich«, versprach Stella.

Sie bezweifelte allerdings, dass Martin auch mit Mama und Papa reden wollte. Sehr freundlich war er ja nicht gerade. Nur das eine Mal, als er Stella vor Hasso gerettet hatte, da hatte er nett mit Stella geredet. Ein bisschen jedenfalls. Doch an allen anderen Tagen war er knurrig gewesen, wie Hasso selber.

Eigentlich passten die beiden echt gut zusammen, fand Stella.

Yasin guckte misstrauisch, als Stella ihm auf dem Weg zur Schule von ihrem Ausflug in den wilden Garten erzählte.

»Echt? Du warst da drin? Allein?« Yasin fielen fast die Augen aus dem Kopf. »Und – hast du – äh – hast du irgendwas – äh – Besonderes gesehen?«

»Klar«, nickte Stella, »'ne Menge Bäume und Büsche und …«

»Du weißt schon!« Yasin guckte Stella durchdringend an.

Und – ha! – da konnte Stella sich natürlich denken, was Yasin meinte. Schade, dass sie keine Gelegenheit gehabt hatte, danach zu suchen!

»Nee, weiß ich nicht«, behauptete Stella trotzdem.

Sie wartete einen kleinen Moment. Dann ging sie zum Angriff über. Nur mal so zum Testen.

Mit einem freundlichen Lächeln fragte sie: »Du meinst, ob ich euer Geheimversteck gefunden habe?«

Yasin sah mit seiner roten Pudelmütze plötzlich aus wie ein welkender Weihnachtsstern. Grimmig guckte er zu Boden. »Wenn du das verrätst, kriege ich voll Ärger.«

Stella horchte auf. Die Jungen hatten ihr Geheimversteck also *tatsächlich* in dem verbotenen Grundstück! Stella versuchte, sich nicht anmerken zu lassen, dass sie in Wahrheit keine Ahnung hatte, wo das Versteck genau war.

»Ärger?«, fragte Stella. »Von den anderen Jungs?«

»Klar, Mann!«, grunzte Yasin. »Wir haben alle geschworen, nichts zu verraten.«

»Aber du hast ja gar nichts verraten«, meinte Stella.

»Aber ohne mich wärst du wahrscheinlich gar nicht in den Garten geklettert«, sagte Yasin. »Ich meine, wenn ich dich nicht zurückgehalten hätte. Deswegen wolltest du bestimmt erst recht da rein, oder?« Er seufzte. »Und wenn du nicht in den Garten gegangen wärst, hättest du den hohlen Baum auch nicht gefunden.«

Hohler Baum? Stella gluckste. Treffer!

Das geheime Geheimversteck war also in einem hohlen Baum in dem wilden Garten. Dort also versteckten sich die Jungs, wenn sie mal ganz geheim sein wollten. Wie cool war das denn! Und sie, Stella, hatte es herausgefunden.

Sie musste noch mal leise glucksen. Und dann etwas lauter kichern. Und dann lachte sie so lange, dass Yasin noch blöder guckte.

»Is was?«, fragte Yasin.

»Ja«, kicherte Stella. »Du hast mir gerade verraten, wo euer Versteck ist. Danke!«

Yasin sah nun nicht mehr aus wie ein Weihnachtsstern, sondern guckte wie ein Auto mit Warnblinklicht. Böse – verwirrt – böse – verwirrt …

Bis er schließlich nicht anders konnte, als mit zu kichern. »O Mann, Stella, hahaha, bin ich doof!«

Stella und Yasin lachten so doll, dass sie fast in Mimi und Zola reingerannt wären, die ebenfalls gerade vor dem Schultor eintrafen.

»Können wir den Witz bitte auch hören?«, fragte Zola.

»Nö«, sagte Stella, »ist geheim.«

Als Yasin wieder Luft bekam, zog er Stella ein Stück zurück, sodass die anderen ihn nicht hören konnten. »Du musst mir versprechen, dass du …!«

»Versprochen!«, unterbrach ihn Stella sofort und grinste. »Ist doch klar! Großes Ponyehrenwort!«

Erst als sie im Bett lag, kreiselten Stellas ponyglückselige Gedanken langsam tiefer und tiefer und wurden ernsthafter und nachdenklicher … Und dann richtete sie sich plötzlich auf.

Bis jetzt hatte sie nicht wirklich *richtig* ernsthaft über ihr Pony nachgedacht. Die Vorstellung, ein eigenes Pony zu haben, war einfach überwältigend! Glatt umhauen konnte einen das, wenn man nur darüber nachdachte. Doch natürlich wäre das einfach megaweihnachtsponytoll!

Allerdings … wenn Stella das Pony nicht nur finden, sondern auch einfangen könnte und es am Ende sogar nach Hause führen, was DANN? Ja, wie sollte es dann weitergehen?

Wo sollte das Pony zu Hause sein? Wo sollte es wohnen?

Auch ein Pony braucht, genau wie jeder Mensch, ein Zuhause. Stellas Pony brauchte einen Stall. Genauso wie Martin eigentlich eine Wohnung brauchte, in die er jeden Tag zurückkehren konnte, um nicht mal hier und mal da wohnen zu müssen.

Würden Mama und Papa erlauben, dass Stellas Pony im Garten wohnte? Sie könnten ja vielleicht den Geräteschuppen ausräumen und dort stattdessen Stroh hinstreuen.

Stella überlegte und überlegte und kriegte ein bisschen Angst, dass es vielleicht nicht ganz so einfach werden würde, wie sie sich das wünschte. Mama und Papa waren manchmal schrecklich stur.

Ob sie sich dieses Mal erweichen lassen würden?

Viele Fragen, die furchtbar müde machten …

Freitag, der 18. Dezember

Hilfe! Am nächsten Morgen war es passiert. Genau das, wovor Stella sich immer schon gefürchtet hatte.

Hasso war ausgerissen und lief jetzt irgendwo frei in der Stadt herum.

»Frau Schneider hat eben angerufen«, verkündete Papa mit ernstem Gesicht. »Du gehst heute nicht allein zur Schule, das ist mir zu gefährlich. Ich begleite dich. Und wenn Hasso bis mittags nicht gefunden worden ist, hole ich dich auch wieder ab.« Dann lächelte er. »Schnell noch den Adventskalender!«, vergaß er auch an diesem Morgen nicht und nickte Stella munter zu, bevor sie vom Frühstückstisch aufstand.

Stella atmete auf, als das Bild weder einen Hund noch eine Katze zeigte. Hinter dem Türchen mit der Nummer 18 kamen Äpfel und Walnüsse zum Vorschein.

»Na, das ist endlich mal richtig weihnachtlich«, meinte Mama zufrieden.

Und Papa fand: »Ja, richtig schön altmodisch weihnachtlich. Vor hundert Jahren gab es statt Marzipan und Schokolade für ärmere Kinder meistens nur Äpfel und Nüsse. Das waren damals besondere Leckereien.«

Leckereien?

Stella dachte natürlich sofort darüber nach, was der Kalender ihr damit sagen wollte. Sie lächelte. Leckereien waren das auch heute noch. Aber nicht nur für Kinder. Sondern ganz besonders für Ponys!

In der Schule hatte Stella erst in der letzten Pause Gelegenheit, Yasin einen Moment allein zu erwischen. »Wollen wir morgen ganz früh zu den Ententeichen gehen? Ich bin sicher …«

Stella brach ab, weil Max und Ahmet vorbeigingen und blöd glotzten.

»… ich bin sicher«, fuhr sie dann fort, »dass das Pony morgens immer dort ist. Wir müssen es unbedingt verstecken, damit die vom Ponykarussell es nicht zurückkriegen.« Sie guckte Yasin eindringlich an. Damit ihm auch klar war, wie wichtig das war.

»Was machen wir eigentlich, wenn wir es eingefangen haben?«, meinte Yasin nachdenklich.

Tja, genau das war die Frage.

Stella holte tief Luft. »Wenn wir es – ich meine, nur für ein paar Tage – also, wenn wir es irgendwie in den wilden Garten kriegen könnten!« Denn plötzlich fiel ihr der alte Schuppen ein. Der war ja fast ein perfekter Ponystall.

Yasin riss die Augen auf. »Spinnst du? Und unser Geheimversteck? Da laufen doch viel zu viele von den Jungs rum.«

Stella zuckte mit den Schultern. »Vielleicht verraten

sie uns nicht?« Flehend guckte sie Yasin an. »Der Garten wäre superklasse, weil es dort genug Gras zum Fressen hätte, und ein Stall ist auch da. Und jemand hat dort sogar schon Zeitungspapier auf die Erde gelegt, damit es wärmer ist, und …«

»Ein Stall?« Yasin guckte sie erstaunt an. »Meinst du den gleichen Garten wie ich? Ich hab da noch nie einen Stall gesehen.«

»Na ja«, meinte Stella, »ein Unterstand, so eine Art Schuppen. Du kennst den nicht?«

Yasin schüttelte den Kopf. »Nee. Aber der Garten ist ja auch riesig. Wir klettern meistens hinten über die Mauer, an der Flussseite. Nicht an der Straße. Da würden uns zu viele Leute beobachten. Ist der Schuppen in der Nähe vom Haus?«

Stella nickte. »Dann hast du auch nicht den Haufen Möhren bei den Tannen gesehen?«

»Möhren?«, fragte Yasin. »Etwa die Möhren, die meinem Vater gestern geklaut wurden?«

Stella überlegte. »Möglich.«

Das klang spannend. Yasins Augen fingen an zu glänzen. So wie Augen glänzen, wenn sie Abenteuer aufblitzen sehen.

»Dann war das vielleicht doch nicht das Pony, das die Möhren geklaut hat«, überlegte Yasin.

Im gleichen Moment musste Stella wieder an die Schritte denken, die sie gehört hatte.

»Und ihr«, fragte sie langsam und nickte zu den anderen Jungs rüber, »ihr geht also gar nicht ins Haus?«

»Nee«, antwortete Yasin, »viel zu weit weg vom Baum. Außerdem ist das wirklich voll morsch. Ich hab keine Lust, Balken auf den Kopf zu kriegen.«

Etwas erschrocken sah Stella Yasin an. »Aber ich hab Schritte gehört. IM Haus.«

»Echt?«, fragte Yasin und seine Augen glänzten noch abenteuerlicher. »Das müssen wir untersuchen! Morgen! Nachdem wir bei den Ententeichen waren. Heute können wir da nicht rein. Also …« Yasin sah verlegen aus. »… jedenfalls nicht du. Hm, du weißt schon!«

Ja, Stella wusste es. Das Jungengeheimnis! Na, sollten sie!

Nach der Schule stand Papa schon am Schultor und wartete auf Stella.

Stella hatte es befürchtet. »Ist Hasso noch nicht zurückgekommen?«

Papa schüttelte den Kopf. »Nein. Die Schneiders haben überall gesucht. Vielleicht ist er gar nicht mehr in der Stadt. Oder vielleicht hat ihn schon irgendjemand im Tierheim abgegeben.«

Bei Mehmets Laden blieb Papa einen Moment stehen, um Hallo zusagen.

»Hast du inzwischen rausgefunden, wer dir morgens das Gemüse stiehlt?«, fragte Papa.

Mehmet deutete genervt zu einer Gruppe älterer Jungen. »Ich wette, das machen diese Rotzlöffel da aus Spaß. Heute Morgen, kurz nachdem Yasin zur Schule ging, fehlte eine halbe Kiste Äpfel. Und dazu noch die frisch geknackten Walnüsse, die ich in eine Schüssel getan hatte. Als Kostprobe für meine Kunden! Das ist schon frech.« Er ballte die Faust und drohte den Jungen auf der anderen Straßenseite: »Wehe, wenn ich euch erwische!«

»Wobei?«, rief einer der Jungen zurück.

»Der Gemüse-Typ hat wohl selbst Apfelkompott im Kopf!«, schnaubte ein anderer.

Die Jungen lachten und gingen weiter.

Beinahe hätte Stella mitgelacht Aber aus einem ganz anderen Grund. In ihrem Bauch pikten kleine Ponypikser. Denn der Dieb konnte doch nur ihr Pony gewesen sein, oder?

Mehmet und Papa waren inzwischen in den Laden gegangen und sprachen über andere Sachen. Mehmet hatte Martin immer noch nicht wiedergesehen, versprach aber, Papa Bescheid zu geben, sobald er etwas über ihn erfuhr.

»Das ist kein so übler Kerl«, versicherte Mehmet gerade.

»Das glaube ich gern«, meinte Papa. »Schließlich hat er Stella vor Hasso gerettet. Sehr traurig, dass manche Leute ihre Wohnung verlieren und auf der Straße landen.«

Mehmet nickte zustimmend. »Und in den meisten Fällen ist es wirklich nicht ihre Schuld. Da kommen ein paar Unglücke zusammen und schwupp, geht's abwärts.«

Papa seufzte. »Ja. Das ist bitter. Sag ihm bitte auf jeden Fall, dass wir uns gerne bedanken möchten.«

»Mach ich!«, rief Mehmet.

Am Abend, als sie mit Papa einen lustigen Film guckte, fasste sich Stella ein Herz. »Papa? Wenn ich nun – also wenn ich nun – also irgendwie – plötzlich ein Pony hätte, könnten wir das dann …? Ich meine, das Pony könnte doch dann – also wenigstens in den ersten Monaten – in unserem Garten wohnen, oder?«

Da fiel Papa vor Schreck das lustige Filmlächeln aus dem Gesicht. »Sag mal, hast du Haferflocken im Gehirn?«

Einen Moment lang war Papa wirklich sprachlos. Dann

schüttelte er den Kopf und bemühte sich um ein Grinsen. »Stella, deine Ponyverrücktheit geht allmählich zu weit! Ein Pony in unserem kleinen Reihenhausgarten! Was kommt dir als Nächstes in den Kopf? Eine Reitschule im Vorgarten? Mit Frau Birnbaum als Reitlehrerin?«

Jetzt lachte Papa doch über seinen Witz.

Nur Stella lachte nicht. Papa nahm sie nicht mal ernst.

Samstag, der 19. Dezember

Am nächsten Morgen war Hasso immer noch nicht nach Hause gekommen. Die Schneiders waren in heller Aufregung und hatten die halbe Nacht mit Taschenlampen nach ihm gesucht. Am frühen Morgen hatten sie die Polizei eingeschaltet und eine Belohnung von 200 Euro ausgesetzt.

»200 Euro?«, fragte Stella mit aufgerissenen Augen. »*So* viel Geld?«

»Natürlich«, nickte Mama. »Das kann man doch verstehen. Auch wenn Hasso ein ziemlich unfreundlicher Hund ist, haben Herr und Frau Schneider ihn doch lieb und möchten ihn unbedingt wiederhaben!«

Papa knurrte. »Die hätten sich lieber einen praktischen Klapphund für die Handtasche anschaffen sollen. Zusammenfalten und gut. Einen Yorkshireterrier oder so was. Ein großes Tier wie Hasso haben die einfach nicht im Griff. Sobald der Hund wieder da ist, werde ich mal ein ernstes Wort …«

Mama legte ihre Hand auf Papas und unterbrach ihn. »Lass gut sein! Hasso ist ja das erste Mal weggelaufen.«

Dann griff sie zum Kalender. »Lasst uns lieber gucken, was Stellas Adventskalender heute zu bieten hat.«

Stella suchte das Türchen mit der Nummer 19 und öffnete es. Dahinter kam ein Mann zum Vorschein.

»Einfach nur ein Mann?«, fragte Mama und schüttelte den Kopf. »Kein Nikolaus? Was soll denn daran nun wieder weihnachtlich sein?«

Stella runzelte die Stirn. Der Mann auf dem Bild saß auf einer Bank vor einem Baum. Ganz lauschig eigentlich.

Doch dieser Kalender war definitiv wunderlich. Manchmal wusste er schon am Morgen genau, was am Tag passieren würde. Wenn man es genau nahm, fast immer. Okay, der Pinguin war eine Ausnahme gewesen, dachte Stella. Aber auch ein Kalender darf sich natürlich mal irren.

Mama und Papa wollten heute nach Kupferstadt fahren, um in den größeren Kaufhäusern einzukaufen, wollten aber komischerweise nicht, dass Stella mitkam.

»Kannst du dich allein zu Hause beschäftigen?«, fragte Mama. »Wir bringen dir auch eine Tüte gebrannte Mandeln mit.«

»Klar kann ich mich allein beschäftigen!« Stella lächelte beruhigend. »Außerdem kommt Yasin um zehn.«

»Aber nicht allein in die Stadt gehen, solange Hasso noch frei rumläuft!«, warnte Papa.

Aber nein. Stella hatte ganz bestimmt nicht vor, *allein* irgendwohin zu gehen. Sie hatte ja Yasin dabei.

Pünktlich um fünf vor zehn stand Yasin vor der Tür. »Ich hab noch einen schrumpeligen Blumenkohl bei uns im Abfall gefunden. Alles andere hatte mein Vater leider schon in Kisten verpackt. Bei uns sind heute und morgen die Maurer da und reparieren das Geschäft, damit wir am Montag wieder öffnen können. Deswegen mussten alle Lebensmittel weggeräumt werden.«

»Macht nichts«, meinte Stella. »Wir haben bestimmt auch noch Sachen, die Ponys mögen.«

Sie kletterte auf den kleinen Hocker und fing an, die Vorratsschränke über dem Herd auszuräumen. »Ponys essen doch Haferflocken, oder?«

Yasin nickte heftig. »Die *lieben* Hafer!«

Drei Tüten mit Haferflocken – zweimal kernig, einmal weich –, vier Packungen Kekse – Mama hatte tatsächlich Haferkekse, wie klasse war das denn! – und eine Tüte geschälte Walnüsse landeten auf dem Boden.

»Das langt«, meinte Yasin, »sonst kriegt das Pony Bauchschmerzen.«

Trotzdem packte Stella noch schnell die übrig gebliebenen Brötchen vom Frühstück dazu. Dann stopften sie alles in einen Rucksack, guckten auf der Straße einmal vorsichtig nach rechts und nach links – von Hasso war nichts zu sehen – und marschierten los.

Sehr weihnachtlich sah die Welt noch nicht aus, fand Stella. Die kahlen Bäume ließen traurig die Äste hängen und das Gras neben den Gräben sah dunkel und matschig aus. Immerhin regnete es nicht, auch wenn der Himmel ebenfalls ein bisschen matschig und grau über ihnen hing.

Bei den Teichen schnatterten ihnen beim Näherkommen schon zwei Enten entgegen. Als Lockmittel für das Pony zerkrümelte Stella ein Brötchen auf dem Boden. Sofort kamen Vögel angeflogen und machten sich darüber her. Plötzlich ertönte hinter ihnen ein Wiehern.

Stella und Yasin fuhren herum. Direkt hinter ihnen stand das braune Pony mit dem großen, weißen Stern zwischen den Augen und schlug seinen Kopf auf und nieder.

»Boah, sieht das schön aus!«, flüsterte Yasin.

Stella konnte nur stumm nicken. Und lächeln.

Das Pony trabte ein Stückchen näher und wieherte ein zweites Mal. Dieses Mal flogen die kleineren Vögel vor Schreck wieder weg und auch die beiden Enten wichen zurück. Nicht ohne sich böse schnatternd zu beschweren.

Das schien das Pony nicht zu stören. Interessiert schnaubte und prustete es am Boden herum und schnappte sich die noch übrig geblieben Brötchenstücke. *Schwupp-schwupp* – schon waren alle Brötchen weg.

Vorsichtig, um das Pony nicht zu erschrecken, nahm Stella die erste Tüte Haferflocken aus dem Rucksack. Sie streute eine kleine Spur auf die Erde und wartete ab.

In erstaunlichem Tempo mümmelte das Pony alle Haferflocken sehr sorgfältig mit seinen Lippen auf und zermalmte sie gleichzeitig zwischen seinen Backen. Nur wenige Flocken übersah es, doch auf die stürzten sich sofort gierig die Spatzen hinter ihm. Hufschritt für Hufschritt folgte das Pony der Spur, bis … es direkt vor Stella und Yasin stand.

»Wiiiiieehiiihiaaaaa!«, wieherte das Pony in Stellas und Yasins Gesichter.

Wer das nicht verstehen konnte, der musste wohl ein bisschen doof sein. Stella und Yasin verstanden es jedenfalls ponydeutlich.

Eilig holten sie die Haferkekse aus dem Rucksack und hielten sie dem ungeduldigen Vierbeiner auf der flach ausgestreckten Hand hin. Und – oh – wie gierig das Pony die aufmampfte! Es schien überhaupt sehr hungrig zu sein. Bis auf den letzten Krümel aß es alles, was Stella und Yasin ihm hinhielten. Sogar den alten Blumenkohl, den Yasin zerkleinert hatte.

Während des Fressens ließ es sich geduldig streicheln. Wahrscheinlich war es das Streicheln durch Kinderhände ja gewohnt.

»Wie Samt …«, murmelte Stella leise, während sie ihre Hände über das weiche Fell gleiten ließ. Sie steckte ihren Kopf in die wilde Mähne des Ponys und roch daran, als wäre es das beste Parfüm der Welt. Und natürlich war es das beste Parfüm der Welt! Nichts konnte besser riechen als der Duft, der von einem warmen, weichen Pony aufstieg.

Als das Pony satt war, schüttelte es sich, als ob es all die Kekse und Haferflocken und Blumenkohlschnipsel und Brötchen in seinem Magen nun noch ordentlich sortieren wollte. Yasin und Stella mussten lachen.

»*Wiiiiihiiihaaaaa!*«, machte das Pony, als ob es ein bisschen mitlachen wollte.

Doch dann reckte es noch einmal seinen Kopf auf und nieder, drehte sich um und marschierte auf den Wald zu.

»Halt!«, rief Stella. »Bleib hier!« Hilfe suchend drehte sie sich zu Yasin um. »Wir müssen es verstecken. Wir können es doch nicht einfach wieder laufen lassen.«

»Wo denn? Im verwilderten Garten?«, fragte Yasin zweifelnd. »Und wie kriegen wir es über die Mauer?«

Die Mauer! An die hatte Stella gar nicht gedacht. Das Pony konnte natürlich nicht darüberklettern. Trotzdem – irgendeine Lösung würden sie schon finden.

Sie lief hinter dem Hellbraunen her und versuchte, ihn an seiner Mähne zu fassen. »Komm hier lang! Nicht zum Wald! Komm zu mir!«

Das Pony blieb tatsächlich stehen und guckte Stella aus seinen großen, dunklen Augen nachdenklich an. Ganz so, als würde es überlegen, ob es dieses nette Angebot annehmen sollte. Doch dann reckte es seinen Hals mit einem Ruck nach oben, sodass Stella die Mähne aus der Hand flutschte, und trabte aus dem Stand los. Als Stella hinterherlief, setzte sich das Pony in Galopp. Schneller und schneller federte es auf dem weichen Grasboden dem Wald entgegen, bis es zwischen den Tannen verschwunden war.

»Och neeeeee!« Stella schaute ihm traurig hinterher.

»Wenn wir es wirklich irgendwo hinbringen wollen«, meinte Yasin nachdenklich, »dann brauchen wir so ein Ding, was die alle umhaben.«

Stella schaute ihn an. »Du meinst, ein Halfter?«

»Genau«, nickte Yasin. »Und einen Strick. Den macht man an diesem Halfter fest. Dann lassen die sich total prima führen.«

Stella nickte. »Ich hab eine Idee!« Sie lächelte. »Ich frage einfach Herrn Timmermann, ob er mir eins leiht.«

Yasin überlegte. »Dann weiß der aber, dass wir ein Pony haben. Und sagt das vielleicht deinem Vater. Und der sagt das vielleicht ...«

»Hm«, machte Stella, doch plötzlich grinste sie. »Wir sagen Herrn Timmermann einfach, dass wir Reitschule spielen wollen und das dafür brauchen.«

Zuversichtlich gingen sie wieder zurück zur Straße.

»Los, jetzt zeig mir diesen Schuppen in dem wilden Garten«, meinte Yasin.

Auf dem Weg in die Stadt schielte Stella vorsichtig in jede Straße, in die sie einbogen. Sie hatte nicht vergessen, dass ja Hasso hier irgendwo rumlaufen konnte. Und dem wollte sie bitte lieber nicht begegnen.

»Der ist bestimmt auch in den Wald gelaufen«, vermutete Yasin. »Der läuft doch nicht freiwillig zwischen stinkenden Autos herum, wenn er auch zwischen Bäumen rumtoben kann. Hunde wollen immer laufen. Ganz viel.«

Niemand sah Stella und Yasin, als sie über die Mauer kletterten und mit einem Sprung im wilden Garten landeten. Stella bog auf den Weg zum Schuppen ein.

»Und wo ist jetzt euer geheimes Baumversteck?«, fragte sie, während sie sich durch die dichten Büsche kämpfte.

Yasin ruckte seinen Kopf in die entgegengesetzte Richtung. »Dort hinten. Hier vorne sind wir nie gewesen.«

In guter Entfernung vom Haus blieb Stella stehen.

»Der Schuppen ist dahinter«, erklärte sie und deutete durch zwei Bäume hindurch. »Aber ich gehe nicht noch mal an dem Haus vorbei.« Obwohl es nicht kalt war, fröstelte es sie bei dem bloßen Gedanken an die Schritte, die sie gehört hatte.

»Willst du nicht rausfinden, WER da rumspukt?«, fragt Yasin und seine Abenteueraugen glänzen.

»Hm«, machte Stella unentschieden. »Wenn das nun gefährliche Gangster sind? Mit Pistolen und so?«

Für eine winzige Sekunde sahen Yasins Augen nicht mehr ganz so abenteuerlich aus. Doch dann runzelte er böse die Stirn. So wie man das tut, wenn man sich selbst Mut machen will.

»Pah!«, schnaubte Yasin und sah furchtbar unerschrocken aus. »Ich hab keine Angst!«

Genau in diesem Moment stolperte er im Dickicht über etwas.

»Hiiiiiiilfeeeee!«, schrie Yasin, der Unerschrockene, und flog der Länge nach hin.

Stella war so aufgeregt, dass sie vor lauter Aufregung kichern musste. Doch sofort hielt sie sich selbst die Hand vor den Mund.

Neben ihr rappelte sich Yasin wieder auf und zog das große Ding, über das er gestolpert war, aus dem Gebüsch. »Was macht der denn hier?«

»Das ist ja mein Schlitten!«, rief Stella.

Yasin glotzte verständnislos. »Wieso bringst du deinen Schlitten denn *hierher*?«

»Das hab ich nicht, ich …«, stotterte Stella, »… ich, ähm, also, ich hatte ihn eigentlich … Ich hatte ihn verloren.«

»Na ja«, meinte Yasin, »dann hast du ihn jetzt wiedergefunden.«

Sie grinsten beide. Doch Stellas Bauch trommelte immer noch Alarm. Es gefiel ihr nicht, dass Yasin sich näher und näher an das Haus heranschlich.

»Ich will nicht so dicht ran!«, wiederholte Stella und zupfte Yasin an der Jacke, um ihn festzuhalten.

»Dann bleib doch hier«, antwortete Yasin und schlich ungerührt weiter.

Alleine zurückbleiben wollte Stella allerdings noch weniger.

Als plötzlich nicht weit entfernt Äste knackten, blieb Yasin ruckartig stehen. Als würde da noch jemand anderes im Garten herumgehen. Als wären Yasin und Stella nicht allein hier.

Stella wurde schlecht. Wieso waren sie überhaupt auf diese blöde Idee gekommen, hier noch mal reinzugehen? Wenn sie nun wirklich gleich irgendwelchen bösen Gangstern gegenüberstanden, was dann?

Doch eine Sekunde später standen sie keinen bösen Gangstern gegenüber. Sie standen stattdessen vor einem bösen …

»Hasso!«, hauchten Stella und Yasin gleichzeitig, denn der Anblick des großen Hundes war nicht sehr viel besser.

»Rrrrrrrrrr!«, machte Hasso durch zusammengekniffene Zähne. Rechts und links an seinem Maul sah man das Rot seiner Lefzen aufblitzen. *»Rrrrrrrrrr!«*

Der riesige Hund senkte seinen Kopf und kam langsam – sehr langsam – auf Stella und Yasin zu. *»Rrrrrrrrr!«* Sachte und lauernd, wie ein wilder Wolf, setzte er Pfote um Pfote vor sich.

Stella versuchte, sich hinter Yasin ganz klein zu machen.

Oh, himmlischer Weihnachtsengel, warum waren sie bloß in den Garten gegangen! Auf der Straße hätten ihnen Fußgänger helfen können, doch hier – hier war niemand. Sie waren dem zähnefletschenden Tier mutterseelenallein ausgeliefert.

»Rrrrrrrrrrrrr!«, kam es aus Hassos riesigem Maul.

Noch zwei Meter – noch vier oder fünf Pfotenschritte – war er entfernt …

Stella musste an Mama denken. Und an Papa. Und daran, dass sie nicht mal wussten, wo Stella war.

»Rrrrrrrrrrr!«

Das erste Mal in ihrem Leben war Stella so dicht an Hasso dran, dass sie seine Augen sehen konnte. Sie spürte, wie Yasin sich automatisch zurücklehnte, und griff nach seiner Hand.

Yasins Abenteuerhand war kalt, eiskalt.

Und aus Hassos Maul tropfte der Speichel …

Sonntag, der 20. Dezember

Es war ein wahres Glück, dass Sonntag war. Denn als Stella morgens die Augen aufschlug, brauchte sie eine ganze Weile, um auch mit dem Herzen im Zimmer anzukommen.

Tief und unruhig hatte sie in dieser Nacht geträumt. Von zähnefletschenden Bestien und lächelnden, alten Männern in abgerissenen Klamotten. Von Papa, der vor Schreck ohnmächtig wurde, und von Mama, die fünfmal hintereinander »O Gott!« rief. Auch diesen Traum musste Stella erst abschütteln.

Langsam schaute sie sich um. Neun Uhr zeigte der kleine Wecker neben ihrem Bett. So lange schlief sie sonst nie. Aber gestern war ja auch ein anstrengender Tag gewesen. Ein richtiger Abenteuertag. Allerdings hatte nicht mal mehr Yasin besonders abenteuerlustig ausgesehen, als sie plötzlich dem knurrenden Hasso gegenübergestanden hatten …

Näher und näher war er mit speicheltropfenden Lefzen gekommen. Den Kopf bedrohlich gesenkt, die dunklen Augen auf Stella und Yasin gerichtet.

Stella hatte, so doll sie konnte, Yasins Hand gedrückt. Und plötzlich …

… hatten Stella und Yasin aus dem Nichts einen Pfiff gehört. Einen sehr scharfen Pfiff.

Hasso hatte ihn auch gehört. Er blieb stehen und drehte seinen Kopf ein winziges Stückchen in die Richtung, aus der der Pfiff gekommen war. Dann schaute er zurück zu Stella und Yasin und fing wieder an zu knurren. Noch ein paar Zentimeter und Hasso würde …

Da ertönte ein zweiter Pfiff. Noch etwas lauter als der Erste. Noch schärfer, noch eindeutiger.

Hasso blieb wieder stehen und lauschte.

»Hiiiiiiiierher! HIIIIIER!« Das war eine Männerstimme irgendwo in der Nähe des Hauses.

Dann hatte Stella noch mehr Geräusche gehört. Geräusche, die aus dem Haus kamen. Schritte. Nein, eher jemand, der rannte. Eine Treppe runterrannte, dann auf einem Steinboden entlangklackerte, und ein paar Sekunden später erschien ein Mann in der Tür.

»Martin!«, wisperte Stella fassungslos.

»HIERHER!«, rief Martin nochmal, sobald er im Freien war. »Komm hierher, du kleiner Racker!«

Stella staunte. Denn der große, gefährliche Hasso gehorchte. Wie durch ein Wunder ließ er Stella und Yasin stehen und trottete schwanzwedelnd auf Martin zu.

»Wuff!«, machte Hasso freundlich und ließ sich von Martin über seinen dicken Kopf streicheln.

Erst danach wandte sich Martin an Stella und Yasin. »Seid ihr in Ordnung? Ich hab euch von oben aus dem Fenster gesehen. Alles klar?«

Yasin hatte zwar heftig geschluckt, aber sofort genickt. »Klar.«

Stella sagte gar nichts. Ihre Stimme war leider verloren gegangen.

Zum Glück hatte Stella sie aber kurze Zeit später wiedergefunden. Sonst hätten sie und Yasin dem alten Martin auch nicht so viele Fragen stellen können.

Was er dort in dem verbotenen Garten machte, wollten sie natürlich wissen.

Martin hatte bei der Frage ein wenig schuldbewusst ausgesehen, aber auch ein bisschen wütend.

»Irgendwo muss der Mensch ja wohnen!«, brummte er brummelig.

»Du wohnst in *dem Haus*?« Yasin riss ungläubig die Augen auf. »Das ist doch voll gefährlich.«

»Es ist auch gefährlich, auf der Straße zu schlafen«, antwortete Martin unwirsch. »Besonders wenn es so kalt ist, dass man dabei leicht erfrieren kann.«

Da hatte Yasin nichts mehr gesagt. Denn das stimmte wohl.

»Aber wie ist *der* hier reingekommen?«, fragte Stella schließlich und zeigte auf Hasso. »Die Mauer ist doch sogar für Hunde viel zu hoch.«

Da hatte Martin ihnen eine kaputte Stelle am anderen Ende des Gartens ganz nah am Fluss gezeigt, an der die Mauer so verfallen war, dass man bequem drübersteigen konnte.

»Hier ist er reingekommen«, erklärte Martin. »Und hier bringe ich ihn nachher auch wieder raus und ins Tierheim. Ich weiß leider nicht, wo die Frau wohnt, die ihn das letzte Mal an der Leine hatte.«

»Die wohnt bei uns!«, rief Stella laut. »Ich kann Ihnen zeigen, wem Hasso gehört!«

»Er heißt Hasso?«, fragte Martin erstaunt. »So ein harter Name für so ein weiches Tier?«

Genau in dem Moment ließ Hasso ein zustimmendes Jaulen hören. Es klang wie eine Mischung aus Traurigkeit und Empörung.

»Der ist ja total lieb bei dir«, hatte Yasin erstaunt festgestellt.

Und da hatte der liebe, gefährliche Hasso noch zustimmender mit seinem Schwanz gewedelt.

Yasin und Stella hatten es sogar kurz gewagt, ihm über den Kopf zu streicheln. Sein Fell war fast so weich wie das des Ponys.

Zusammen mit Martin und Hasso gingen sie schließlich zum Haus der Schneiders. Als sie an Stellas Haus vorbeikamen (denn das muss man ja, um zum ersten Haus – oder zum letzten, ganz wie man will – zu kommen), kam Papa aus der Tür gestürzt. Und wurde beinahe ohnmächtig, als er seine Tochter und Yasin direkt neben Hasso die Straße entlangspazieren sah. »STELLA!«

Ein Glück war Papa aber, wie gesagt, nur beinahe ohnmächtig geworden. Denn wenn Papa wie ein platter Fisch einfach so aufs Pflaster gekippt wäre, das hätte Stella schon ziemlich schrecklich gefunden.

»Papa, guck mal, Hasso ist ganz lieb!«, hatte Stella schnell gerufen. Außerdem erklärte sie eilig, dass Martin Martin war.

Da hatte Papa schon wieder ein bisschen normaler ausgesehen. Und nachdem Martin den lieben Hasso bei Herrn und

Frau Schneider abgeliefert hatte (die übrigens auch fast ohnmächtig geworden waren – allerdings vor Glück), bat Papa Martin ins Haus.

Über eine Stunde lang hatten Papa und Mama und Martin dann zusammen in der Küche gesessen und geredet und Zimtsterne gegessen, während Stella und Yasin im Wohnzimmer einen Film gucken durften. (Mama hatte aber genügend Zimtsterne auch für Stella und Yasin neben den Fernseher gestellt.)

Später waren Mama, Papa und Martin mit lächelnden Gesichtern aus der Küche gekommen. Und plötzlich hatten Stella und Yasin ein komisches, kribbeliges Gefühl gekriegt. Ein fast weihnachtskribbeliges Gefühl. Ein richtig gutes Gefühl. Und das hatte nicht nur an den Zimtsternen gelegen.

Als Stella an diesem Sonntagmorgen nach dem Aufwachen endlich in die Küche kam, saßen Mama und Papa schon hinter der Sonntagszeitung.

Stella konnte sich nicht zurückhalten. »Haben die das Pony schon gefunden?«

Papa und Mama tauchten mit einem Ruck hinter den Seiten auf. »Welches Pony?«

»Das Pony …« *Das Pony, das ich gesehen habe*, wollte Stella antworten. Stattdessen sagte sie: »Das Pony, das von dem schrecklichen Karussell weggelaufen ist.«

Papa guckte sehr nachdenklich. »Fandest du das Karussell denn so schrecklich?«

»Ja!« Stella nickte heftig und wurde fast wütend. Was für eine blöde Frage! »Möchtest du den ganzen Tag lang nur im Kreis laufen und an deinem Mund rumgezerrt werden? Die armen Ponys sahen soooo traurig aus!«

Papa seufzte tief und schaute Mama irgendwie komisch an.

»Hm«, machte Mama und vertiefte sich schnell wieder in die Zeitung. Aber irgendwie sah sie auch ein bisschen komisch aus.

Papa sagte eine ganze Weile gar nichts, dann meinte er: »Nein, sie haben das Pony noch nicht wiedergefunden.«

»Ah«, machte Stella und griff sich ein paar frische Zimtbrötchen.

Gestern Nachmittag war sie noch schnell zu Herrn Timmermann gelaufen und hatte sich von ihm ein Halfter geliehen. Herr Timmermann hatte zwar etwas überrascht ausgesehen, als Stella behauptet hatte, dass sie mit Yasin Reitschule spielen wollte. Doch er hatte so viel Pferdegeschirr in seinem Stall, dass er Stella gerne etwas lieh.

»Bringt es bitte wieder zurück, wenn ihr wieder was anderes spielt«, hatte er gebeten.

»Natürlich!«, hatte Stella versichert.

An diesem Morgen vergaß Papa tatsächlich, Stella an den Adventskalender zu erinnern. Anscheinend war er mit ganz anderen Gedanken beschäftigt. Doch als Stella das Türchen mit der Nummer 20 auffummelte, war auch er interessiert.

»Das Baby in der Krippe«, verkündete Stella.

»Was?« Mama schielte über ihre Lesebrille. »Zeig mal! Glaub ich doch nicht! Was ist denn das bloß für ein Kalender? Das Jesuskind in der Krippe gehört zum vierundzwanzigsten Dezember. Das ist der Tag, an dem die Geburt von Jesus gefeiert wird.«

»Na, dieser Kalender sieht das eben ein bisschen flexibler«, grinste Papa. »Und immerhin gehen wir ja heute Nachmittag zum Krippenspiel. Der Kalender hat also recht.«

Ja, der Kalender schien tatsächlich immer recht zu haben, dachte Stella, als sie sich nachmittags auf den Weg zum Marktplatz machten, wo vor der großen Tanne das Krippenspiel stattfinden würde. Außer bei ein paar Kleinigkeiten eben, wie dem Pinguin.

Die halbe Stadt war anscheinend gekommen. Der Weihnachtsbaum funkelte und glitzerte in der Dämmerung des späten Nachmittags. Viele Häuser waren mit Lichterketten geschmückt und ein paar Leute hatten Kerzen in der Hand.

Stella schluckte. Oh, alles war so wunderschön weihnachtlich! Wenn sie nur nicht ständig die Sorgen um ihr Pony im Kopf hätte! Sie und Yasin mussten es morgen unbedingt schaffen, das Pony in den alten Garten zu bringen. Und dann mussten sie Martin dazu bringen, sie nicht zu verraten.

Ob Martin ihnen helfen würde? Stella überlegte. Aber der konnte ja wohl nicht wirklich was dagegen haben, dass sie das Pony heimlich in den Garten brachten. Schließlich wohnte Martin ja genauso heimlich dort. Der hatte bestimmt keinen Mietvertrag. Dann konnte er bestimmt nichts dagegen sagen, dass nun auch ein Pony ohne Mietvertrag auf dem alten Grundstück wohnen würde.

Auf der anderen Seite des Platzes sah Stella Marie mit ihrem kleinen Mats neben Herrn Timmermann stehen. Sie winkte, und Marie und Herr Timmermann winkten zurück. Auch der kleine Mats schwenkte mit seinen Armen irgendetwas im Kinderwagen herum. Wahrscheinlich ein Stofftier. Stella konnte es aus der Entfernung nicht genau erkennen. Gut!, dachte sie, dann hat er es also wiedergefunden.

Und dann begann das Krippenspiel. Alle Leute auf dem Marktplatz wurden still, als auf einem kleinen Podest eine Gruppe Kinder *Ihr Kinderlein kommet* auf Blockflöten spielten. Kurz danach bahnten sich Maria und Josef einen Weg durch die Menge.

Maria und Josef hießen eigentlich Anna und Jamal und gingen in die Schule für die Großen. Sie machten das toll.

Zwei Mädchen aus Stellas Parallelklasse spielten in weiß-goldenen Kleidern die Engel, und Timon aus ihrer Klasse durfte hinter einer dicken Pauke sitzen und kräftig draufhauen, wann immer es in der Geschichte passte.

Stella hatte richtig gute Laune, als sie abends mit Mama und Papa zurück nach Hause ging. Jetzt war Weihnachten ganz bald da. Nur noch ein paar wenige Tage. Und morgen würden Yasin und sie das Pony im verbotenen Garten einquartieren.

Stella lächelte und schmiegte sich an Papa. »Jetzt geht Weihnachten richtig los, oder?«

Papa lächelte zurück. »Und wie das losgeht!« Dann zwinkerte er Stella zu. »Ich glaube, das wird dieses Jahr ein ganz besonderes Fest!«

Und irgendwie – irgendwie glaubte Stella das allmählich auch. Denn wie oft verbrachte man schon Weihnachten mit einem heimlichen Pony?

Montag, der 21. Dezember

O ja, endlich wurde es auch im Haus richtig, richtig weihnachtlich!

Mama hatte schon zum Frühstück alle Kerzen angezündet. Und dass es draußen noch duster war, machte die Küche nur umso gemütlicher.

Es duftete nach Bienenharz und Tannennadeln, aber vor allem nach frisch gebackenen Mandelhörnchen, die Papa soeben aus dem Ofen holte – mmmhm, lecker! Mandelhörnchen waren Papas Spezialität. Gerade stäubte er den Puderzucker über das noch heiße Gebäck.

Stella schaute aus dem Fenster und dachte an ihr Pony. Und dann machte sie sich doch ein bisschen Sorgen.

Klar, sie hatten jetzt ein Halfter, mit dem sie und Yasin das Pony in den Garten führen könnten. Falls sie das Pony wiederfinden würden. Sicher war das ja nicht.

»Na, woran denkst du?«, fragte Mama und lächelte.

»Och, nur so ’n bisschen …«, murmelte Stella, »… an Weihnachten.«

Das war das Stichwort für Papa. »Kalender!«

Stella zögerte. Heute war der große Tag. Heute würden sie das Pony in den Garten bringen. Was, wenn der Kalender nun etwas dagegen hatte? Was, wenn auf dem Bild womöglich ein Pony in einem … Ponykarussell zu sehen wäre?

Stella holte tief Luft und öffnete Türchen Nummer 21. »Ein Lastwagen?«

Papa reckte seinen Kopf, dann lachte er. »Ja, aber ein Lastwagen voller *Lebkuchen*!«

»Na, wenigstens weihnachtlich – wenn auch ein bisschen ungewöhnlich!«, meinte Mama zufrieden und packte Stella ein paar Mandelhörnchen in die Schultasche.

Es war Papas erster Urlaubstag. Die ganze Weihnachtswoche hatte er sich freigenommen. Nur Mama musste noch arbeiten. Weil es in einer Buchhandlung in den letzten Tagen vor Weihnachten ganz besonders viel zu tun gab.

»Ich treffe mich heute Vormittag noch mal mit Martin in der Stadt im Café«, erzählte Papa, bevor Stella zur Schule losmusste. »Herr und Frau Schneider kommen auch.«

Stella machte große Augen.

»Wir hatten da nämlich eine Idee …«, sagte Papa, »… weil Martin ein wirklich anständiger Kerl zu sein scheint. Und weil er so gut mit Hunden umgehen kann.«

»Und weil jeder Mensch eine zweite Chance verdient«, meinte Mama.

Es war nämlich so, dass Martin natürlich nicht sein Leben lang auf der Straße gewohnt hatte. Früher hatte er eine Wohnung gehabt, wie die meisten anderen Menschen auch. Und einen Job. Dann verlor er den Job, konnte die Wohnung nicht mehr bezahlen und das Unglück nahm seinen Lauf.

»Und jetzt findet Martin keinen neuen Job, weil er keine Wohnung und damit keine feste Adresse hat«, erklärte Papa, »Und da dachten wir …«

»… an die Schneiders«, vervollständigte Mama den Satz. »Weil Martin doch so gut mit Hunden umgehen kann.«

»Und mit Pferden kennt er sich anscheinend auch aus«, erzählte Papa.

»Ehrlich?«, quietschte Stella.

Papa nickte. »Deswegen dachten wir an Herrn Timmermann. Der sucht schon lange einen Pfleger für seine drei Pferde. Herr Timmermann wird langsam zu alt für das schwere Ausmisten der Ställe.«

»Und bestimmt gibt es in der Stadt noch mehr Leute, die Hilfe mit ihren Tieren brauchen«, erzählte Mama weiter. »Wäre das nicht toll, wenn Martin genug Arbeit hätte, um eine eigene Wohnung bezahlen zu können?«

Stella nickte. Das wäre natürlich großartig für Martin. Leider machte sich aber gleichzeitig ein unruhiges Gefühl in ihr breit. Denn insgeheim war sie natürlich unheimlich erleichtert gewesen, dass Martin im verbotenen Garten wohnte. Sie und Yasin konnten ja nicht den ganzen Tag und vor allem nicht nachts dort sein. Wer würde dann auf das Pony aufpassen? Deswegen war es beinahe perfekt, dass Martin dort wohnte. Wenn er aber nun ganz woanders – in einer ganz normalen Wohnung wohnen würde …?

»Ich muss jetzt los!«, rief sie.

Das musste sie alles schnellstens mit Yasin besprechen.

»Hm«, grunzte Yasin auf dem Schulhof. »Verstehe. Egal. Wir haben keine andere Wahl. Wo sollten wir das Pony sonst verstecken? Wir machen es genauso, wie wir es geplant haben. Nach der Schule gehen wir zu den Ententeichen und holen das Pony.«

Und das taten sie. Nach dem letzten Schulgong liefen sie ohne Umwege los. Nur das Pony finden, das taten sie nicht.

»Verdammte Hühnerkacke!«, raunzte Yasin nach einer Stunde ergebnisloser Suche durch matschige Wiesen und einen noch matschigeren Wald.

Er hatte extra eine Riesentüte mit Möhren aus dem Laden seines Vaters mitgebracht, die er die ganze Zeit mit sich rumschleppte. »Ich hab keine Lust mehr.« Er ließ die Tüte auf den Boden fallen und sah Stella genervt an. »Meine Füße tun mir schon weh. Meinetwegen können wir es morgen noch mal probieren. Aber ich hau jetzt ab, ich hab Hunger.«

»Dann iss doch ein paar Möhren«, raunzte Stella zurück.

Sie war ebenfalls müde. Und enttäuscht. Aber aufgeben wollte sie deswegen noch lange nicht.

Sie waren nur wenige Schritte weitergegangen, als sie es hinter sich im Gras rascheln hörten. Raschelte die Tüte, die Yasin eben auf die Erde gepfeffert hatte? War das ein Eichhörnchen?

Nein, natürlich war es *kein* Eichhörnchen, das gerade versuchte, seine dicke Nase in die Tüte zu stecken, um sich eine der leckeren Möhren herauszufummeln.

»Psst, nicht bewegen!«, hauchte Stella und legte ihren Finger auf die Lippen.

Yasin grinste und wisperte zurück: »Ich glaube, es hat uns die ganze Zeit beobachtet.«

Das Pony hob seinen Kopf und schnaubte, als wollte es Yasin recht geben.

»Ich glaube, es lacht uns aus«, flüsterte Yasin und zog eine Grimasse.

Da musste Stella lachen. Nicht weil das so komisch war. Sondern weil sie sich freute.

Oh, und wie sie sich freute! Bunte, warme Ponypikser tanzten in ihrem Bauch um die Wette.

Für eine dicke Ponyschnute war es allerdings gar nicht so einfach, sich eine Möhre nach der anderen aus der Papiertüte zu angeln. Da musste man sich ganz schön anstrengen. Und die Möhren waren so süß und saftig, dass man auf nicht viel anderes achten konnte, wenn man fast zwei Kilo davon direkt vor der Nase hatte. Jedenfalls nicht wenn man ein Pony war.

Zeit genug für Yasin und Stella, dem Pony vorsichtig das Halfter über den Kopf zu ziehen, ohne dass das Pony viel davon mitbekam. Wie das ging, hatte Stella schon hundertmal bei Herrn Timmermann gesehen. Nun noch unten den kleinen Riemen am Kinn schließen – fertig.

Zum Schluss klickte Yasin noch den Führriemen an den kleinen Ring am Halfter.

Als sich das Pony nach der letzten Möhre mit einem fetten Rülpser aufrichtete, guckte es Yasin und Stella fast erstaunt an. Doch als Stella sanft an dem Führstrick zog, setzte sich das Pony willig in Bewegung. Und Schritt für Schritt folgte es den beiden brav in die Stadt.

»Super!«, lobte Yasin. »Das ging ja knalleinfach!«

Ja, das ging es tatsächlich. Bis es … äh, tatsächlich knallte. Und zwar heftig!

Yasin und Stella waren extra nicht die Hauptstraße entlanggegangen, sondern hatten sich dem verbotenen Grundstück über kleine Nebenstraßen genähert. Sie wollten von so wenig Leuten wie möglich gesehen werden.

Aus ähnlichen Gründen, nämlich um auf der Hauptstraße nicht im Weg zu sein, waren leider noch andere Leute und Autos auf genau diesen Nebenstraßen unterwegs. An diesem Nachmittag war es ein großer Laster, der einen Supermarkt durch den Hintereingang beliefern wollte.

Normalerweise war es für einen Lieferwagen überhaupt kein Problem, rückwärts an den Hintereingang zu fahren, damit die Waren möglichst schnell ausgeladen werden konnten. Dass es heute doch ein Problem war, lag möglicherweise daran, dass der Fahrer des Lastwagens abgelenkt war und so einen Moment lang nicht darauf achtete, wohin er fuhr.

Weil dieser Fahrer nämlich gerade zwei Kinder beobachtete, die ein Pony auf dem Bürgersteig spazieren führten.

PENG!, machte es, als der Lastwagen rückwärts die Mauer des Supermarktes rammte, den er beliefern sollte.

»Himmelbreiter Mist!«, brüllte der Fahrer, als er sah, was er angerichtet hatte. Er sprang aus dem Auto und besah sich den Schaden.

»Wiiiihiiiihiiiiii!«, wieherte das braune Pony erschrocken, weil Ponys nun mal jede Art von Knallerei gar nicht gerne mögen.

Stella und Yasin hatten Mühe, es festzuhalten und zu beruhigen.

Doch während der Fahrer ein Handy hervorholte und dann aufgeregt mit jemandem telefonierte, wurde das Pony mit einem Mal von ganz allein wieder ruhig. Es reckte seine Schnute in die Luft und schnupperte. Und drängte plötzlich vorwärts. Hin zu dem Laster.

Dieses Mal hatten Stella und Yasin keine Wahl. Sie mussten mit, wenn sie den Führriemen nicht loslassen wollten. Ein Pony ist nun mal stärker als ein Mensch.

Durch den Aufprall war die Seitentür des Lastwagens einen Spaltbreit aufgesprungen. Durch genau diesen Spalt schob das Pony jetzt seine dicke, schnuppernde Ponynase. Und zack, hatte es die Tür ganz aufgeschoben.

Stella und Yasin trauten ihren Augen nicht. Die einzige Ladung, die der ganze große Lastwagen im Innenraum hatte, waren ... Lebkuchen! Riesige Bleche voll frisch gebackener Lebkuchen – ordentlich auf Gestellen gelagert. Was für ein betörender Duft!

Auf Yasins Gesicht erschien ein dickes Grinsen und seine

Abenteueraugen fingen wieder an zu leuchten. Das Pony hatte genau denselben Ausdruck im Gesicht. Hurra! Yasin und das Pony langten gleichzeitig zu.

Schwupp, hatte sich Yasin einen der Pfefferkuchen gegriffen und schon abgebissen.

Und *zack*, hatte das Pony herzhaft in ein anderes Stück gebissen, dabei aber leider eines der Bleche umgekippt. Mindestens zwanzig Lebkuchen kullerten herunter und landeten neben dem Laster auf der Straße. Was prima war für das Pony. Denn von dort konnte es das süße Gebäck viel schneller aufmümmeln.

Und da konnte auch Stella nicht mehr widerstehen.

Gerade hatten alle drei Münder und Mäuler voll von süßestem, würzigstem Pfefferkuchen, als der Fahrer vom Telefonieren zurückkam und dicke, fette Glupschaugen kriegte.

»Ja, sonst habt ihr aber nichts anderes zu tun, was?«, polterte der Mann los und machte wilde Handbewegungen, die nicht nur Stella und Yasin Angst machten.

So schnell sie konnten, galoppierten die beiden dem erschrockenen Pony hinterher, das bereits die Flucht ergriffen hatte.

»Frechheit! LAUSEGÖREN!«, hörten sie den Mann hinter sich brüllen. »Ich ruf die Polizei!«

Aber darauf wollten Yasin, Stella und das Pony lieber nicht warten.

Mit dem Pony in Führung rasten die drei einen Hohlweg hinunter zum Fluss. Dort wurde das Pony langsamer – vor allem deshalb, weil es nach dem kleinen Lebkuchensnack Durst bekommen hatte und dringend ein paar Schlucke Wasser trinken wollte.

Die kleine Pause versuchte Stella zu nutzen, um den frei baumelnden Führstrick wieder zu erwischen. Doch das Pony hatte andere Pläne. Ganz offensichtlich lief es viel lieber ohne jemanden am anderen Ende der Leine durch die Gegend.

»Bleib stehen!«, rief Stella immer wieder.

Doch jedes Mal wenn Stella oder Yasin das Pony fast erreicht hatten, trabte es schnell ein paar Meter weiter, wenn auch immerhin in die richtige Richtung am Fluss entlang. Und – war das zu glauben? – als es das Loch in der Mauer des geheimen Gartens erreicht hatte, schlüpfte es genau dort hindurch. Als hätte es geahnt, dass Stella und Yasin dort hineinwollten.

Auch im Garten stoppte das Pony nicht. Ohne zu zögern, lief es mit schlackerndem Führstrick voran. Als wüsste es genau, wo es hinwollte. Ja, zielsicher trabte es auf den alten Schuppen zu.

»Wiiihiiihaaaaaa!«, wieherte es zufrieden, als es den Unterstand erreicht hatte. *»Wiiiiihaaaa!«* Gespannt schaute es rüber zum Haus, als hätte es soeben jemanden gerufen, auf den es nun wartete.

Stella und Yasin konnten durch die kahlen Büsche sehen, wie Martin aus dem Haus kam und das Pony begrüßte. Als wären er und das Pony alte Freunde. Ja, gab's denn das?

»Wiihiiihaaaaa!«, machte das Pony freudig.

Martin strich dem Braunen sanft über Kopf und Hals. »Na, mein Schöner? Hattest du einen guten Tag? Bist du hungrig? Komm her, ich hab was für dich!«

Stella und Yasin fielen fast die Augen aus dem Kopf. Die beiden kannten sich tatsächlich! Ja, wusste Martin denn auch, woher dieses Pony kam?

Als Martin Stella und Yasin bemerkte, guckte er wie ein Einbrecher, der auf frischer Tat ertappt worden war. »Was macht ihr denn schon wieder hier?«

»Wir … wir wollten das Pony hier verstecken«, stotterte Stella ein bisschen erschrocken und kam aus dem Gebüsch hervor. »Wir … wir dachten – äh –, dass du vielleicht … ein paar Tage …?«

»Das Pony braucht Hilfe«, mischte sich Yasin mit fester Stimme ein. »Es ist aus einem ganz schrecklichen Ponykarussell geflohen und …«

»Ich weiß«, sagte Martin ruhig. Und plötzlich lächelte er. Ganz sanft. Gar nicht grummelig.

Es war wirklich komisch mit Martin. Zu Beginn jeder Begegnung war er so unfreundlich, dass man richtig Angst vor ihm kriegen konnte. So als ob er alle Menschen am liebsten verscheuchen wollte. Mit Tieren dagegen war er sanft und vorsichtig. Die wollte er nicht vergrummeln. Und anders als Stella am Anfang, hatten die Tiere auch keine Angst vor ihm.

Darüber dachte Stella noch am Abend im Bett nach.

Sie erinnerte sich daran, wie vor ein paar Wochen dieser Anzug-Mann aus der Bank gekommen war und Martin mit bösem Gesicht weggescheucht hatte. Stella dachte auch daran, dass Frau Schneider am Anfang genauso unfreundlich zu Martin gewesen war, als sie ihn neben Stella unter der großen Weihnachtstanne entdeckt hatte.

Vielleicht wurde man ebenfalls ein bisschen grimmig, wenn alle anderen Leute so grässlich grimmig zu einem waren? Auch wenn man selbst eigentlich überhaupt kein unfreundlicher Mensch war?

Dienstag, der 22. Dezember

Als Stella an diesem Morgen die Augen aufschlug, klopfte ihr Herz aufgeregt. Wunderbar warm aufgeregt. Nicht etwa scheußlich ängstlich aufgeregt.

Ihr Pony war in Sicherheit. Zumindest für die nächsten Tage. Martin hatte versprochen, weiterhin für Wasser und Futter zu sorgen und sich darum zu kümmern, dass es dem Pony gut ging.

Martin hatte gestern erzählt, wie er das Pony irgendwann auf der Straße entdeckt hatte und ihm durch das Loch in der Mauer am Fluss gefolgt war. So hatte Martin das halb verfallene Haus im Garten gefunden und sich dort, so gut es ging, eingerichtet. Dem Pony als Dank dafür Futter zu beschaffen, hatte Martin danach als seine Pflicht angesehen.

»Warum hast du es nicht ins Tierheim gebracht, wie du das mit Hasso vorhattest?«, hatte Stella gefragt.

»Weil ich zwar auf der Straße lebe, aber nicht doof bin«, antwortete Martin und erzählte dann, dass er jeden Tag alle Zeitungen las, die er in Abfalleimern finden konnte.

Daher wusste er auch, dass ein Pony aus einem Ponykarussell weggelaufen war. Und von dieser Art Karussell-Spaß hielt Martin genauso wenig wie Stella und Yasin. Also hatte er das Pony schützen wollen. Deswegen hatte Martin niemandem verraten, wo es war.

»Außer zwei Leuten«, hatte Martin dann ehrlicherweise noch hinzugefügt. »Aber um die müsst ihr euch keine Sorgen machen. Die werden das Pony auch nicht zurück zu den Besitzern bringen.«

»Ehrlich nicht?«, hatte Stella trotzdem etwas besorgt gefragt.

»Ganz bestimmt nicht«, hatte Martin versichert. »Das haben mir die beiden versprochen.«

Deswegen klopfte Stellas Herz an diesem Morgen im Bett nun ponyglückselig und ein bisschen ponyglücklich aufgeregt, aber kein bisschen ängstlich mehr.

Ihr Pony war in Sicherheit! Das Leben war einfach großartig und überhaupt ganz wunderbar weihnachtlich. Denn in nur zwei Tagen war Heiligabend! Und gab es etwas Schöneres auf der Welt als ein Pony und Weihnachten zusammen?

Jetzt musste Stella nur noch Mama und Papa davon überzeugen, dass sie das Pony auch wirklich behalten durfte. Bestimmt war Heiligabend nach dem Geschenkeauspacken dafür der beste Zeitpunkt. Weihnachten war ja das Fest der Liebe. Da mussten Mama und Papa doch einfach auch das Pony lieb haben!

Schnell zog sich Stella an und lief runter zum Frühstück. Jetzt konnte doch wirklich nichts mehr schiefgehen – hurra!

Stella grinste und angelte sich, noch bevor Mama und

Papa in der Küche waren, den Adventskalender vom Tisch. Nicht mal der konnte sie mehr schrecken.

Papa steckte seinen Kopf neben den von Stella, um auch gucken zu können. »Was ist denn das? Ein Baum? Mit einem Loch mittendrin?«

Stella lachte. Hatte sie es nicht gewusst? Das Pony war in Sicherheit und jetzt wurde alles gut. Und überhaupt ganz wunderbar weihnachtlich! Nur noch zwei Tage bis Weihnachten. Und das beinahe schönste Geschenk hatte sie sich schon selbst beschafft. Es konnte wiehern und wartete im wilden Garten auf sie.

»Das ist eine Baumhöhle«, kicherte sie.

Papa guckte wie ein Weihnachtsmann, der sich gerade fragt, warum bunte Ostereier in seinem Geschenkesack liegen.

»Ein hohler Baum?«, echote Mama und stellte eine Tüte mit frischen Brötchen auf den Tisch. »Sind da Weihnachtswichtel drin?«

Stella lachte noch mehr. Nein, vermutlich nicht, aber vielleicht ein paar Jungs aus ihrer Klasse. Doch das musste sie ja Mama und Papa nicht verraten.

Mannomann, dieser Kalender wusste einfach alles!

Weil heute der letzte Schultag vor den Ferien war, las Herr Flötenbauer in den letzten beiden Stunden eine Geschichte vor. Und danach durfte jeder erzählen, worauf er sich in den nächsten zwei Wochen am meisten freute.

»Auf Heiligabend!«, riefen die meisten. Oder: »Auf meine Geschenke!«

Auf mein Pony!, hätte Stella natürlich schreien müssen, aber dann wäre das ja kein Geheimnis mehr gewesen.

»Ich freu mich auf jeden Tag«, sagte Stella und lächelte. Und das war kein bisschen gelogen.

Am Nachmittag trafen sich Stella und Yasin unten am Fluss an der Stelle, an der das Stück in der Mauer fehlte und man bequem in den Garten gehen konnte.

Yasin war schwer beladen. Sein Vater hatte ihm einen Sack mit Gemüseabfall mitgegeben, der für ein Pony bestimmt superlecker sein würde. Auch wenn sein Vater das natürlich nicht ahnte. Und seine Mutter hatte eine Schale mit frischem Auberginenauflauf eingepackt, als Yasin ihr erzählt hatte, wo Martin im Moment wohnte.

Stella half ihm tragen. Stück für Stück kämpften sie sich durch die Büsche und gingen danach durch die Baumgruppe. Oh, Stella konnte es kaum erwarten, ihr Pony wiederzusehen!

Mittags hatte es angefangen, ein bisschen zu nieseln, und Stellas Schuhe quatschten lustig im dicken Matsch des Grundstücks. Es war auch wieder kälter geworden. Bestimmt war Martin froh über den noch warmen Auflauf.

Als sie den Unterstand schon sehen konnte, fing Stella an zu laufen. »Pony! Hey, Pony, wir sind wieder da!«

Yasin grinste. »Ey, ich glaube, wir müssen uns mal einen Namen ausdenken. Wir können das Pony doch nicht immer nur Pony nennen!«

Stella lächelte. O ja, einen Namen! Sie hatte noch nie irgendjemandem auf der Welt einen Namen gegeben. Na ja, außer ihrem Teddy Balduin. Aber noch nie jemandem, der auch wirklich lebte.

»Schoki«, schlug sie vor und kicherte. »Weil das Pony so süß und schokoladig aussieht.«

Yasin tippte sich an die Stirn. »Spinnst du? Du kannst doch ein Pony nicht *Schokolade* nennen! Das braucht einen viel cooleren Namen.« Er überlegte. »Wie findest du *Cowboy*?«

»Cowboy?« Jetzt tippte Stella sich an die Stirn. »Das ist doch kein Name für ein Pony. Und außerdem wissen wir noch nicht mal, ob das ein Mädchenpony oder ein Jungenpony ist.«

»Stute und Hengst, heißt das«, berichtigte Yasin.

»Das weiß ich auch«, beeilte sich Stella zu versichern.

Inzwischen waren sie beim Haus angekommen. Der Unterstand war leer. Komisch, war das Pony etwa zu Martin ins Haus gegangen?

Yasin und Stella fingen an, lauter zu rufen. Sie wagten sich sogar ins untere Geschoss des alten Hauses. »MAAAARTIN!«

Kein Martin. Kein Pony. Nur Stille und das sanfte Rauschen des Regens.

In Stellas Bauch krallten sich kleine Angstknoten zusammen. Wo war das Pony? Und wo war Martin? Sie hatten doch abgemacht, dass er heute Nachmittag hier auf die beiden warten würde. Irgendetwas musste passiert sein! Etwas Schlimmes!

Sie suchten den ganzen Garten ab, doch von Martin und dem Pony war nichts zu sehen.

»Vielleicht ist das Pony von einem Ausflug nicht zurückgekommen und Martin sucht es jetzt draußen?«, überlegte Yasin.

Langsam wurde es dunkel. Würde Martin auch nachts noch irgendwo herumlaufen, um ein Pony zu suchen?

»Wir fragen meine Eltern«, bestimmte Stella.

»Aber du wolltest ihnen doch erst an Weihnachten von dem Pony erzählen«, gab Yasin zu bedenken.

»Wir können ja erst mal nur sagen, dass Martin verschwunden ist«, erwiderte Stella.

Die beiden rannten zurück zum Reihenhaus von Stella. Aufgeregt erzählten sie, dass Martin nicht mehr im Haus war.

Doch Mama und Papa lächelten nur und versuchten, die beiden zu beruhigen.

»Macht euch keine Sorgen«, sagte Papa, »wir haben es geschafft, Martin eine kleine Wohnung zu besorgen. Er ist heute Nachmittag schon eingezogen. Ist das nicht toll?«

Stella war zum Heulen zumute. Klar war das toll. Oder auch nicht. Denn was wurde nun aus dem Pony? Und vor allem, WO war es? Hatten die Karussell-Leute es womöglich doch noch gefunden und wieder mitgenommen?

An diesem Abend weinte Stella leise in ihr Kissen. Weihnachten hatte ganz plötzlich seinen Zauber verloren.

Wie sollte Stella jetzt noch glücklich feiern? Jetzt, wo das Pony wieder in einem Gefängnis leben musste? Und wie sollte sich Stella noch über irgendein Geschenk freuen? Jetzt, wo sie das beste Geschenk auf der Welt wahrscheinlich für immer verloren hatte …

Mittwoch, der 23. Dezember

Als Stella morgens aufwachte, fühlte sie sich jammerelend. Was man ja wohl verstehen konnte.

Stella mochte nicht mal aufstehen. Hätte sie zur Schule gehen müssen, hätte sie zu Mama und Papa gesagt, dass sie krank war. Aber es war keine Schule, es waren ja Ferien.

Stella hatte sich bestimmt noch nie trauriger gefühlt. Das Einzige, was sie aus dem Bett trieb, war die Hoffnung, dass sie das Pony doch noch wiederfinden würden.

Sie und Yasin hatten sich für mittags verabredet, um wieder bei den Ententeichen zu suchen. Und natürlich würden sie – für alle Fälle – auch noch mal in den verbotenen Garten gehen. Vielleicht war das Pony ja doch wieder zurückgekommen.

Beim Frühstück sah Stella wohl genauso blass aus, wie sie sich fühlte, denn Mama fragte: »Bist du krank? Hast du dir im Regen eine Erkältung geholt?«

»Vielleicht machst du heute lieber noch mal einen gemütlichen Sofatag?«, schlug auch Papa vor. »Das Wetter draußen sieht nicht viel besser aus als gestern.«

Und das stimmte. Der Regen klatschte gegen die Scheiben, dass einem vom bloßen Zusehen schon ganz fröstelig wurde. Obwohl es schon nach neun Uhr war, war es draußen so düster wie Stellas Stimmung. Schwarze Wolken hingen tief über der Stadt.

Stella seufzte aus tiefstem Herzen auf. Und plötzlich fingen die Tränen von gestern Abend wieder an, über ihre Wangen zu strömen, wie die kleinen Bäche, die an den Fensterscheiben entlangliefen. Mama und Papa ließen alles stehen und liegen und setzten sich erschrocken zu ihr.

Da erzählte Stella. Alles, was so lange geheim gewesen war – so schön und wunderbar und ganz ponyherrlich geheim –, all das brach aus ihr heraus.

Sie erzählte, wie sie das Pony zum ersten Mal gesehen und dass Papa ihr ja nie geglaubt hatte. Dass es das Pony gewesen war, das die Fahrerin des roten Autos abgelenkt hatte, sodass sie in Mehmets Ladenfenster gekracht war. Und dass es bestimmt auch das Pony gewesen war, das Frau Birnbaums Rosenbusch abgeknabbert hatte. Aber vor allem beschrieb Stella, wie wunderschön das Pony aussah. Wie weich sein Fell war. Und wie sehr Stella genau dieses Pony gewollt hatte. Für immer und ewig. Und dass sie auch nie wieder ein anderes Geschenk hätte haben wollen. Für den Rest ihres Lebens nicht.

»Ach …«, seufzte Mama mitfühlend und guckte ganz komisch.

»Oh …«, machte Papa und sah Hilfe suchend zu Mama rüber.

Und dann – dann erklärte Stella noch, dass das Allerschlimmste aber natürlich war, dass das Pony jetzt wahrscheinlich wieder dort war, wo es überhaupt gar nicht sein sollte. Wo kein Pony sein sollte.

»Ach …«

»Oh …«

Mama nickte und Papa schüttelte schweigend den Kopf.

»Könnt ihr nicht wenigstens rausfinden, ob diese Karussell-Leute das Pony wiederhaben oder ob es noch irgendwo hier in der Stadt ist?« Stella weinte jetzt nicht mehr. Stella war fast wütend.

Wütend auf Mama und Papa, die nichts anderes zu sagen wussten als »Ach« und »Oh«. Wie nutzlos konnten denn Eltern sein?

Da räusperte sich Papa. »Also, wir wollten es dir eigentlich nicht sagen, aber wenn du so an dem Pony hängst …?«

Er wechselte einen Blick mit Mama, fast als ob er ihre Zustimmung wollte.

Mama zuckte mit den Schultern.

»Martin hat uns nämlich von diesem Pony erzählt«, begann Papa. »Und Martin wusste auch, von wo das Pony weggelaufen war«, fuhr er fort.

Stella nickte.

»Und er findet diese Ponykarussells auch nicht schön«, berichtete Papa. Er guckte sich zu Mama um. »Und Mama und ich übrigens auch nicht.«

Stella seufzte noch mal tief.

»Und dann war es so …«, Papa räusperte sich noch mal, »… dass wir Martin etwas Geld gegeben haben. Als Dankeschön dafür, dass er dich vor Hasso gerettet hat. Und die Schneiders haben Martin die Belohnung für Hasso gegeben. Obwohl er die eigentlich gar nicht haben wollte. Und jetzt wird er übrigens für die Schneiders arbeiten und Hasso erziehen.« Papa lächelte. »Und für Herrn Timmermann wird er auch arbeiten.«

Stella wurde unruhig. »Aber was ist jetzt mit dem Pony? Wo ist es?«

»Ja …« Papa lächelte noch mehr. »Darüber brauchst du dir keine Sorgen mehr zu machen. Stell dir vor, mit dem Geld, das Martin von uns bekommen hat, hat er das Pony den Besitzern abgekauft und es jemandem geschenkt, bei dem es garantiert glücklich leben wird.«

Ihr Pony war verkauft? Stella wusste nicht, ob sie sich freuen oder heulen sollte. Sie versuchte, ruhig zu bleiben. Das Wichtigste war ja, dass es dem Pony von nun an gut ging.

Sie schluckte. »Und ihr seid sicher, dass es jetzt bei lieben Leuten ist?«

Mama und Papa nickten beide heftig.

»Da sind wir uns ganz sicher!«, bestätigte auch Mama. »Besser könnte es das Pony von jetzt an gar nicht haben.«

Stella holte tief Luft und schluckte noch mal. Das war viel, was sie da runterschlucken musste. All ihre Hoffnungen, ein eigenes Pony zu haben, waren wie vom Regen weggespült. Ihr Pony würde nie mehr zurückkommen. Es würde nicht bei ihr im Garten wohnen. Es würde nicht mal mehr in dem verbotenen Garten rumlaufen und auch nicht bei den Ententeichen.

Stella versuchte verzweifelt, tapfer zu sein. »Kann ich das Pony denn irgendwann mal besuchen?«

»Bestimmt!«, versicherte Papa. »Gleich nach Weihnachten kannst du ja Martin fragen, ob er dich mitnimmt.«

»Martin weiß, wo das Pony ist?«, fragte Stella.

Papa nickte. »Er wird von jetzt an auch für denjenigen arbeiten, dem das Pony gehört. Er wird also den Stall ausmisten und es füttern und all das.«

Das war immerhin ein Trost. Denn Stella wusste, dass das Pony Martin gerne mochte.

»Willst du deinen Kalender nicht aufmachen?«, fragte Mama, um die Stimmung wieder ein wenig aufzuheitern.

Doch daran hatte Stella fast kein Interesse mehr. Was konnte ihr der Kalender schon sagen? Sie wollte nichts anderes als ein Pony hinter dem heutigen Türchen finden. Doch sie hatte das sichere Gefühl, dass sich hinter der Tür mit der Nummer 23 kein Ponybild verbergen würde.

Langsam pulte sie die Kalenderklappe auf. Und starrte auf einen ... Pinguin!

Och nee! Also das war jetzt wirklich noch dööfer als doof! Enttäuscht schob Stella den Kalender weg.

»Zeig mal!«, bat Mama.

Schon wieder dieser blöde Pinguin! Das einzige Bild im Kalender, das wirklich nichts mit allem, was im Dezember passiert war, zu tun hatte. Allerdings lächelte der Pinguin diesmal. Er lächelte Stella ganz frech ins Gesicht.

Stella fühlte sich wirklich elend. Kein Pony weit und breit und jetzt wollte sich der Kalender auch noch über sie lustig machen. Wie gemein war das denn?

Es konnte Stella nicht viel trösten, dass Mama ihr fünf Euro mitgegeben hatte, damit sie und Yasin sich an einer der Weihnachtsbuden auf dem Marktplatz warmes Schmalzgebäck kaufen konnten.

Stella liebte warmes Schmalzgebäck im kalten Dezember. Doch heute sah der Dezember trotz der duftenden Tüte nur wie ein dunkler, kahler Monat aus.

»Komm schon!«, meinte Yasin und stopfte sich gleich drei der weichen Stücke auf einmal in den Mund. »Dem Pfony gehpf gup. Daf ipf doch die Haupfache, oder?« Er schmatzte genüsslich.

Stella nickte. »Klar.« Doch die Enttäuschung und ihre Traurigkeit konnte auch weiches Gebäck nicht überdecken.

Vor einer Bude mit Zuckerwatte trafen sie Marie mit ihrem kleinen Mats. Mats krähte fröhlich, als Stella näher kam, und wedelte zur Begrüßung mit seinem Stofftier.

»Habt ihr das Stofftier wiedergefunden?«, fragte Stella freundlich.

»O ja!« Marie lächelte. »Und weißt du was? Ich weiß jetzt auch, warum Mats bei dem alten Dynamit von Herrn Timmermann so geschrien hat. Es hat sich nämlich eine Zeit lang ein frei laufendes Pony in unserer Stadt herumgetrieben. Das hab ich in der Zeitung gelesen. Und ich wette, dass genau dieses Pony meinem Mats seinen Pinguin geklaut hat. Das soll ein ganz schön freches Ding gewesen sein, dieses Viech! Hat wohl noch allerhand mehr angestellt, dieses Pony!« Marie lachte.

Doch Stella horchte auf. Ein *Pinguin*?

Blitzschnell schaute sie zu dem Stofftier. Tatsächlich – Mats hielt einen alten abgewetzten und vermutlich heiß geliebten Pinguin in der Hand und krähte immer noch glücklich.

Da musste Stella ebenfalls lächeln. Verrückt – auch da hatte der Kalender wieder recht gehabt! Sie erinnerte sich

Zuckerwatte

genau. Der erste Pinguin war tatsächlich gleich am Anfang des Dezember im Kalender gewesen. Genau an dem Tag, an dem sie in der Kutsche von Herrn Timmermann hatte mitfahren dürfen und an dem der kleine Mats so geschrien hatte, als er Dynamit sah. Der Kleine hatte nur versucht, seiner Mama klarzumachen, dass ihm ein Pferd sein Stofftier geklaut hatte. Aber wer hätte das ahnen können?

»Wir haben Mats' Pinguin ein paar Tage später unten am Fluss gefunden«, erzählte Marie. »Ich wette, dieses Pony hat ihn dorthin geschleppt.«

Ja, das würde Stella auch wetten. Und ja, auch dass dieses Pony so einiges angestellt hatte, stimmte, dachte Stella. Aber genau so ein Pony hatte sich Stella immer gewünscht. Ein freches Pony! Eins, das ständig zu Streichen aufgelegt war und einen zum Lachen brachte.

Tapfer gab sie sich trotzdem Mühe, noch ein bisschen Spaß mit Yasin und auch mit Zola und Mimi und ein paar anderen aus ihrer Klasse zu haben, die sie auf dem Marktplatz trafen.

Es waren Ferien. Morgen war Weihnachten. Und nach Weihnachten würde Stella das Pony besuchen dürfen. Und darauf freute sie sich jetzt schon.

Donnerstag, der 24. Dezember

Wenn man morgens aufwacht und einem der Duft von Apfelkrapfen in die Nase steigt, dann kriecht unweigerlich dieses warme, zimtweiche und ganz spezielle Glücksgefühl in einem hoch, das man nur einmal im Jahr spürt. Wenn man dann noch durchs Fenster leise die Kirchturmglocken läuten hört, dann erinnert man sich schlagartig, dass heute ein ganz besonderer Tag ist.

Heiligabend!

Und wenn man außer dem Bimmeln der Glocken ansonsten fast nichts hören kann, vor allem keinen prasselnden Regen, dann muss man sofort zum Fenster rennen und die Gardinen aufziehen und – oooooh!

Stella blieb andächtig stehen und konnte nur staunen.

Vor dem Fenster lag eine weiße, winterliche Schneelandschaft. Über Nacht hatte sich der heftige Regen in dicke Flocken verwandelt und sich fast einen halben Meter hoch auf der Straße, in den Gärten und auch als dicke Mützen auf den Baumkronen aufgetürmt.

»Oooooooh!«, machte Stella noch mal. Weil man manchmal einfach nicht mehr zu sagen braucht.

Wilde Weihnachtspikser begannen, in Stellas Bauch Purzelbäume zu schlagen, und ihr Herz klopfte. Heiligabend! Und plötzlich wusste sie, dass es auch ohne Pony ein richtig guter Tag werden würde. Der beste Tag des Jahres!

»Mama! Papa!« Stella sauste im Schlafanzug die Treppe hinunter und in die Küche und Mama direkt in die Arme.

»Na, mein Schatz?«, begrüßte Mama Stella und gab ihr einen Kuss. »Schon ausgeschlafen? Du kannst mir gleich helfen, die Krapfen in die kleinen Tüten hier zu füllen. Die bringen wir dann zu den Nachbarn.«

Das machten Stella, Mama und Papa jedes Jahr. Und zu den frischen Krapfen steckten sie noch ein paar selbst gebackene und bunt dekorierte Kekse. Über die kleinen Weihnachtstüten freuten sich die Nachbarn meist so sehr, dass Stella hinterher mit einer größeren Ladung Weihnachtsleckereien nach Hause kam, als sie ausgeliefert hatten.

Als Stella, Mama und Papa nach dem Frühstück mit ihren kleinen Geschenken nach draußen gingen, stand Stellas Schlitten im Vorgarten. Genau zum richtigen Zeitpunkt.

»Schaut mal!«, sagte Papa. »Den muss Martin heute Morgen vorbeigebracht haben. Setz dich drauf, Stella! Ich zieh dich.«

Und hui, setzte sich das Papapferd in Bewegung, und Stella auf dem Schlitten lachte und schnalzte mit der Zunge. »Schneller, Pony, schneller!«

Alle drei sahen aus wie Schneemänner, als sie beim ersten Haus (oder beim letzten, ganz wie man will) ankamen, in dem die Schneiders wohnten. Der Schnee fiel in immer dickeren Flocken, und die Geräusche der Stadt wurden dabei immer leiser. Als würde alles mit einer dichten, weißen Decke zugedeckt, durch die jeder Laut abgedämpft wurde.

»Weihnachtsmagie!«, sagte Mama leise und lächelte.

Und da spürte Stella es wieder. Das warme Weihnachtsgefühl.

»Frohe Weihnachten!«, riefen Mama, Papa und Stella, als Frau Schneider die Tür öffnete.

Hasso bellte böse und musste in die Küche gesperrt werden. Aber das würde sich ja nun bald ändern, versicherte Frau Schneider. Jetzt, wo Martin jeden Tag eine Stunde mit Hasso arbeiten würde.

Am Ende der Weihnachtsrunde hatte Stella vier Packungen Marzipanpralinen geschenkt bekommen, zwei fette Riegel Nugatschokolade, fünf Packungen Nüsse und einen dicken Kasten mit Lebkuchen. Der Tag fing prima an!

An Heiligabend gab es immer nur ein leichtes Essen, und zwar meistens sehr spät. Denn jedes Jahr hatten Mama und Papa den ganzen Tag über schrecklich viel zu tun. Jedenfalls behaupteten sie das. Doch das machte natürlich nichts. Denn mit all den Marzipanpralinen und Nugatschokoladen hätte es Stella nichts ausgemacht, wenn das Mittagessen ganz ausgefallen wäre.

Während sie am späten Nachmittag Nudeln in sich reinschaufelten, fiel Papa plötzlich auf, dass Stella ja das letzte Türchen im Adventskalender noch gar nicht geöffnet hatte. Er reichte ihr den Kalender und Stella besah sich in aller Ruhe noch einmal alle Bilder. Sie erzählten die Geschichte von Stellas Dezember. Wie hatte sie die Zeichnungen in den ersten Tagen bloß langweilig finden können?

»Mach auf!«, ermunterte Papa sie.

Doch Stella zögerte und überlegte. Dies war das letzte, das allerletzte Türchen des Kalenders. Was würde ihr der Adventskalender am letzten Tag wohl mitteilen wollen?

Schließlich öffnete Stella – sehr langsam und sehr feierlich – die letzte Klappe, die mit einer großen, roten 24 beschriftet war.

»Na, was ist drin?«, fragte Mama neugierig.

Stella antwortete nicht. Ein paar Sekunden lang starrte sie nur verwirrt auf die Zeichnung. Dann schluckte sie. Und hielt den Kalender wortlos Mama und Papa hin, sodass die selbst gucken konnten.

»Oh!«, machte Mama und riss die Augen auf.

»Ach!«, sagte Papa und sah etwas sprachlos aus. »Nun ja, ein Tannenbaum. Das kann man zu Weihnachten natürlich erwarten.«

»Und ein Sattel«, sagte Stella und merkte, dass sie dabei einen dicken Kloß im Hals sitzen hatte. »Da liegt ein Sattel unter dem Weihnachtsbaum.«

Das war doch wirklich fies. Weil sie ja … fast beinahe wirklich einen Sattel … also jedenfalls ein Pony … Und eigentlich hatte sie sich schon fast damit abgefunden. Aber jetzt, wo sie plötzlich dieses Bild sah …

»Oh, Stella-Kind, nicht weinen!« Papa zog Stella zu sich her und nahm sie in den Arm.

Doch während er Stella drückte, wechselte er komische Blicke mit Mama. Und Mama guckte noch komischer zurück und nickte und lief dann schnell aus der Küche und kam nach ein paar Minuten leicht außer Atem zurück.

Jetzt strahlte Mama. Obwohl Stella doch immer noch weinte.

»Heute machen wir etwas früher Bescherung«, verkündete Mama, »weil wir danach nämlich noch was vorhaben.«

»Was denn?«, fragte Stella.

Stella wollte nichts mehr vorhaben. Stella wollte nur noch das machen, was sie jedes Jahr an Heiligabend machten.

Mama oder Papa lasen immer eine lustige Weihnachtsgeschichte vor. Dann packten sie die Geschenke aus, sangen Lieder und spielten Spiele. Alle drei lagen sie auf dem Teppich, ein großes Brettspiel in der Mitte zwischen ihnen. Währenddessen brannten die Kerzen am Baum langsam runter und verbreiteten knisternde, wohlige Stimmung. Und natürlich futterten sie die ganze Zeit die leckersten Weihnachtsleckereien. Bis sie beinahe platzten. So war es jedes Jahr und so sollte es auch dieses Jahr sein.

Und am ersten Feiertag kamen dann Oma und Opa und blieben bis Silvester.

»Was wir vorhaben, wird noch nicht verraten«, sagte Mama. »Ich brauche noch drei Minuten!« Und schnell huschte sie noch einmal ins Wohnzimmer.

Stella kräuselte die Stirn. Irgendwas war dieses Jahr anders. Das fühlte sie ganz deutlich.

Sie schaute aus dem Fenster, gegen das ihr Schlitten gelehnt war, und dachte an Martin. Wie selbstlos das von ihm gewesen war! Dass er von dem ersten Geld, das er vermutlich seit langer Zeit bekommen hatte, ein Pony freikaufte und es Leuten schenkte, bei denen es das Pony gut haben würde. Ja, das war schon ziemlich toll. Martin war wirklich ein feiner Kerl. Und ein bisschen freute Stella sich jetzt tatsächlich. Weil das Pony zum Glück für den Rest seines Lebens in Sicherheit sein würde. Und wer weiß, vielleicht konnte sie es ja öfter mal besuchen? Vielleicht sogar einmal die Woche oder so? Vielleicht wäre das sogar fast so schön, wie ein eigenes Pony zu haben.

»Fertig!«, rief Mama schließlich und strahlte so hell und glücklich wie die Lichterkränze auf den Fensterbänken. Sie öffnete die Tür zum Wohnzimmer.

Und als Stella den geschmückten Baum mit den brennenden Kerzen sah – und rundherum mindestens ein Dutzend verpackter Geschenke –, da konnte sie nicht anders, als tief und weihnachtlich zu lächeln. Alles war gut.

Eine Stunde und zwei lustige Weihnachtsgeschichten später lag nur noch ein Paket unausgepackt unter dem Baum. Es war ein besonders großes Paket. *Stella*, hatte der Weihnachtsmann in großen Buchstaben daraufgeschrieben. Damit es auch ja nicht der Falsche öffnete.

»Puh, ist das schwer!«, stöhnte Stella überrascht, als sie es zu sich heranzog.

Mama und Papa krochen fast in das unausgepackte Geschenk hinein, so doll guckten sie. Stella musste fast lachen.

Jetzt nahm Papa sogar seine Kamera zur Hand, um ein Bild von Stella beim Auspacken zu schießen. Da war sich Stella vollends sicher, dass in dem Paket kein Spiel, kein Pulli, keine Schlittschuhe und auch keine Nachttischlampe sein würde. Ihr Herz klopfte.

In dem Moment, in dem Stella in das Paket hineinguckte, drückte Papa auf den Auslöser.

»Dein Gesicht!«, lachte er. »Oh, das Foto rahmen wir ein!«

Stella war völlig verwirrt. Das konnte doch nicht sein!

Oder doch?

Aber was bedeutete das?

Der Kalender hatte wie immer recht gehabt. Auch am letzten Tag.

Aus dem Paket, auf dem Stellas Name gestanden hatte, zog Stella einen ziemlich schweren Sattel heraus.

Ja, unter Stellas Tannenbaum hatte tatsächlich ein Sattel gelegen!

»Wo gehen wir hin?« Nur wenige Minuten später stapfte Stella in ihrer wärmsten Jacke neben Mama und Papa mit einer Laterne in der Hand durch den knirschenden Schnee.

Mama gab keine klare Antwort. »Das wirst du gleich sehen.«

Auch auf Stellas vorsichtige Frage, wofür sie den Sattel denn brauchen würde, hatten Mama und Papa keine Antwort gegeben. Würde sie Reitstunden kriegen, wenn sie schon kein eigenes Pony bekam? Aber hier gab es doch weit und breit keinen Reitstall, oder hatte etwa irgendwo ein neuer eröffnet?

Am Ende der Straße schlugen Mama und Papa den Weg zu den Feldern ein. Hier endete die Stadt. Die letzten Gebäude gehörten zum Hof von Herrn und Frau Timmermann. Danach kamen nur noch Felder und Wiesen.

Stellas Gedanken fuhren Riesenrad. Ob sie etwa bei Herrn Timmermann reiten lernen durfte? Ob der Sattel für Dynamit war? Oh, wäre das toll!

Doch als sie bei dem Bauernhaus von Herrn und Frau Timmermann ankamen, waren alle Fenster dunkel. Nirgendwo brannte Licht.

»Die sind gar nicht zu Hause«, sagte Stella und konnte ihre Enttäuschung nicht verbergen.

»Ach, die sind doch bestimmt irgendwo auf dem Hof«, meinte Papa und lächelte so selig, wie man nur an Weihnachten lächelt und auch nur, wenn man allerbeste Laune hat.

Vorsichtig hielt Stella die Laterne hoch und leuchtete in den dunklen Hof hinter dem Wohnhaus. War da hinten etwas Helles? Aus einem der Ställe schien Licht zu kommen. Stella ging schnell darauf zu.

»Das ist der Pferdestall!«, rief sie aufgeregt. »Da sind Dynamit und Dolly und Faxe drin!«

Papa und Mama lächelten um die Wette. Doch darauf

konnte Stella nicht mehr achten. Vorsichtig öffnete sie die Stalltür und …

… fiel fast um!

Vor Schreck. Vor Glück. Vor Überraschung. Vor bloßem Staunen!

Drinnen im Stall, rechts und links vor einer Box, standen Martin und Herr und Frau Timmermann und Yasin mit seinen Eltern Mehmet und Alima. Neben Martin saß Hasso,

lammfromm wie ein Schäfchen aus dem Stall des Christkinds. Und in der Mitte ragte der Kopf eines Ponys aus seiner Box heraus. Eines braunen Ponys. Eines braunen Ponys mit einem weißen Stern auf der Stirn.

Es sah fast aus wie bei dem Krippenspiel am letzten Sonntag auf dem Marktplatz. Das Pony hatte sogar noch etwas Heu im Maul hängen und knirschte fröhlich darauf herum. Nur der Ochs und der Esel fehlten, dafür hechelte Hasso lächelnd und aus den Nachbarboxen prusteten Dynamit und Dolly und Faxe zur Begrüßung.

»Frohe Weihnachten, Stella!«, riefen alle zusammen, und da fiel Stella wirklich fast um.

Ihre Knie wurden weich wie wabbeliger Weihnachtspudding, ihre Wangen glühten und ihre Stimme zitterte vor Aufregung. »Das ist ja … das Pony!«

»Das Pony ohne Namen«, lachte Herr Timmermann. »Wie soll es denn eigentlich heißen?«

»Sternchen«, sagte Stella, ohne nachzudenken.

Und das Pony reckte seinen Kopf auf und nieder, als ob es damit mehr als einverstanden wäre.

»Sternchen«, sagte Mama und streichelte den kleinen weißen Stern am Kopf des Ponys. »Das ist wunderbar, das passt.«

»Stella und Sternchen!«, sagte Papa und sah aus, als ob er ebenfalls vor Glück gleich platzen könnte. Aber vielleicht lag das auch an den zweiundzwanzig Krapfen, die er am Nachmittag verdrückt hatte. »Das hört sich perfekt an.«

Yasin lachte. »Lässt du mich auch mal reiten?«

Stella konnte es noch nicht ganz glauben. »Sternchen gehört MIR?«

»Dir ganz allein«, bestätigte Herr Timmermann und klopfte dabei auch Martin auf die Schulter.

»Danke!«, sagte Stella und drückte Martin. »Danke!«

»Und ich werde dir das Reiten beibringen«, grinste Herr Timmermann. »Dann könnt ihr jeden Tag über die Felder traben.«

Frau Timmermann holte einen Topf mit Glühwein und einen Krug mit heißem Holundersaft aus einer Ecke. »Darauf wollen wir jetzt alle anstoßen. Fröhliche Weihnachten!«

Während alle lachten und quatschten und richtig gemütlich und weihnachtsfröhlich an ihren Getränken nippten, sagte Stella gar nichts. Wenn man bis zum Platzen angefüllt ist von Ponyglück, braucht man nichts zu sagen. Selig sah Stella ihrem Pony dabei zu, wie es ruhig und gemütlich seine Portion Heu in seinem sicheren Stall zwischen den Zähnen zermalmte.

Konnte man jemals an einem Weihnachtstag glücklicher sein?

Als Stella nach diesem langen, langen Tag abends im Bett lag, fiel ihr auf, dass sie schon seit Tagen nicht mehr an Angélica gedacht hatte. Alles war plötzlich so aufregend gewesen, dass sie gar keine Zeit mehr gehabt hatte, ihre beste Freundin zu vermissen.

Ob Angélica auch so wunderbare Weihnachten hatte wie Stella? Stella wünschte sich ganz doll, dass Angélica die tollsten Tage mit ihren Großeltern an den weiten Stränden von Argentinien hatte. Kein bisschen neidisch war sie mehr auf ihre Freundin. Aber oh, wie viel sie Angélica zu erzählen hatte, wenn sie nach den Ferien wieder zurückkam!

»Frohe Weihnachten, Angélica«, flüsterte Stella leise, bevor sie einschlief.

Dann lächelte sie. So tief, dass es im Bauch kitzelte. »Und frohe Weihnachten, Sternchen! Bis morgen!«

DAGMAR H. MUELLER studierte Germanistik und Sportwissenschaften, bevor sie sich vor über 20 Jahren ganz dem Schreiben widmete. Seitdem sind mehr als 100 Kinder- und Jugendbücher von ihr erschienen, von denen einige namhafte Preise gewannen und die in viele verschiedene Sprachen übersetzt wurden.

Sie wuchs zwischen Pferden und Hunden auf und kann sich auch heute noch kein Leben ohne Vierbeiner vorstellen. Wie Stella radelte sie als Kind die Straßen auf und ab, immer auf der Suche nach Abenteuern. Und auch auf ihrem Weihnachtswunschzettel stand ganz oben jedes Jahr das gleiche Wort. Zwar hat es mit dem eigenen Pony nie geklappt, doch ihre Freizeit verbrachte sie als Kind und Jugendliche trotzdem größtenteils in Reitställen und jobbte noch zu Studienzeiten als Pferdetrainerin.

MARC-ALEXANDER SCHULZE, Jahrgang 1977, studierte an der Hochschule für Angewandte Wissenschaften in Hamburg mit Schwerpunkt Kinder- und Jugendbuchillustration. Seit 2004 arbeitet der gebürtige Hamburger, der seine Freizeit gern an der Nordsee verbringt, als freiberuflicher Illustrator.